A Democratic Village

blkswn paper vol.6
黒鳥雑志
『忘れられた日本人』をひらく

『忘れられた日本人』をひらく

宮本常一と「世間」のデモクラシー

若林恵・畑中章宏

黒鳥社

はじめに

若林恵

　畑中章宏さんの新書『宮本常一――歴史は庶民がつくる』を手引きに、宮本常一の単行本『忘れられた日本人』を改めて、というよりは初めて腰を据えて読んでみると、本の底流に強い苛立ちがふつふつと激《たぎ》っているのが感じられた。

　その苛立ちは主に日本の村落共同体が封建的で閉鎖的な縦社会であると一括りに扱われてしまっていることに向けられている。その矛先はまた、農村をフィールドとする研究者たちにも向かい、封建的な縦の構造をもつ村落ばかりをことさら取り上げ、村落共同体をめぐる偏見を再生産していることへの強い批判となって文章のなかに立ち現れる。「家父長制」や「老害」といった言葉が、日本の後進性の核心にあって唾棄《だき》すべきものとして使われる現代を宮本常一が生きていたなら、あるいは苛立ちはさらに募ったかもしれない。

といって、そうした「後進性」を擁護しようというわけではない。『忘れられた日本人』の戦略は一貫して、家父長制に基づいた「縦の原理」によって形づくられた村落共同体のカウンターとして、「横の原理」でつながった村落共同体の水平性を多面的に紹介していくやり方をとる。血縁でつながっていない他人同士が平和裡に共存できるよう育まれた「横の原理」が、かつての日本の農村や漁村には存在した。なんならそっちのほうがデフォルトなのではないか。『忘れられた日本人』は、ほとんど全ページを使って、そう問いかける。『忘れられた日本人』は、その意味で、はなから「デモクラティック」な本として構想されている。

以前畑中さんとご一緒した「会社の社会史」というトークシリーズのなかで、のちに「社会」という訳語をもって一般化する「Society」という英語の翻訳に、明治期の日本人がいかに苦心したかが話題に上った。

齋藤毅さんの『明治のことば——文明開化と日本語』という本によれば、明治期の日本人は、「Society」の語を翻訳するにあたって、まずは「Society」を「人と人の横のつながりをもって束ねられたグループ」として理解し、近代以前の日本のなかに、それに類する組織形態を探したのだという。そして実にたくさんの「横のつながり」を探し出した。「結社」「懇」

「仲間」「組」「連衆」といった数々の訳語候補のなかには、『忘れられた日本人』の重要なキーワードである「世間」の語も含まれていた。

「Society」というたったひとつの英単語の翻訳をめぐる苦闘は、近代化という現象が、自分たちがそれまで生きてきた世界を「横のつながり」をもって全面的に再編し直す恐るべき大事業であったことに改めて気づかせてくれる。そしてその大事業はいうまでもなく、すべての人に対して「Society」との関係を新たに結び直すことを求める。そのために日本語は、「人」の存在を「Society」のなかに定位すべく「私」「個人」「市民」「国民」といった語を発明しなくてはならなかった（ついでにその過程で「社会人」という変な言葉も生み出した）。

近代化が日本にもたらした大転換を一文に煎じ詰めるなら、「縦から横への転換」となるのかもしれない。そして当時からいまにいたるまでわたしたちは、「横のつながり」を通してものごとが決定され運営される「社会」を、目指すべき望ましいものとイメージし続けてきた。『アメリカのデモクラシー』を書いた十九世紀フランスの貴族アレクシ・ド・トクヴィルは、そうした「横のつながり」への希求を「平等化」という語から分析し、「平等化」を近代以降の世界を動かす「不可逆の趨勢」とみなした。

ただし、ここにはひとつ大きな落とし穴がある。トクヴィルが語った「平等化の趨勢」を「縦から横への転換」としてイメージし、そう語ることの問題は、「横の社会」以前にあったものは、自明のこととして「縦の社会」であると考えるよう仕向けてしまうことだ。加えて、「横の社会」が目指すべき進歩的な社会の姿であるとされていればなおさら、それ以前にあったものは後進的な「縦の社会」でなければならないといった考えを呼び込むことにもなってしまう。

ものごとの順番を考えれば、わたしたちは「横の社会」というものを知った後に初めて、いわば再帰的に自分たちが生きていた空間が「縦の社会」であったことに気づいたはずだ。けれども人は、新しい価値を知ってしまうと、それを知らなかったときの状態を思い浮かべることができなくなってしまう。そして新しい価値をもって、かつての状態を判断してしまう。そのとき過去は、乗り越えられねばならない「問題」として常に立ち現れる。

宮本常一が苛立っていたのは、まさにこのことだったのではないか。宮本常一が『忘れられた日本人』のなかで描いた、開放的でどこか間の抜けた村落共同体は、「社会」という言葉が発明されるはるか昔から、とっくに「横」だった。しかし、わたしたちは、それを「縦」のイメージで上書きし、乗り越えるべき「後進性」とみなした。

『忘れられた日本人』は、ひたすらそのことに抗おうとする。そして「社会」以前にあった「横」の空間を、いかにして西洋型の「社会」に接続しうるのかと問いかける。高度にシステム化された「社会」が機能不全に陥っているなか、わたしたちがこれまでと同じやり方で「縦の社会」の後進性を糾弾することに躍起になっているのであればなおさら、その問いは決して過去のものではない。

『忘れられた日本人』を一度でも読んだことがあれば、そんなのは誰しもが感じることだろう。一夜漬けの素人がしゃしゃり出るまでもない。そうは思いつつも畑中さんの『宮本常一』を読むにつけ、現代社会が抱えた難問を考える上で、『忘れられた日本人』がいかにヒントに満ちているかに気づかされてしまう。さらに個人的なことをいえば、『忘れられた日本人』が、自分が聞き手をつとめた政治学者・宇野重規さんとの対話集『実験の民主主義――トクヴィルの思想からデジタル、ファンダムへ』の格好の補助線になりうることに気づかされたのは思いもよらぬことだった。

『実験の民主主義』では、先に挙げたトクヴィルやプラグマティズムの思想のほか、オンラインゲームやファンダムカルチャー、ウクライナでの戦争といった現代の事象なども手がかりにしながら民主主義のオルタナティブなありようを考察し、それを「実験の民主主義」として提案することを試みた。『忘れられた日本人』を再読すると、そこに描かれた人びとの営みが、宇野さんが語られた「実験の民主主義」といかに親和的であるかに気づかされて驚くばかりだった。

かくして本書は、『忘れられた日本人』を読むなかで感じた数々の気づきや驚きを投げかけては、それを畑中さんが受け止め、丁寧に解きほぐしていく五時間にわたる対話をもとにつくられた。

『実験の民主主義』の制作を終えようかというタイミングでの宮本常一との邂逅があまりに新鮮で驚きに満ちたものだったがゆえに、勢いで書籍化することを畑中さんに提案したものの、すでに宮本常一の世界に馴染みの深い方にとって、この本がどんな価値をもつのかはわからない。畑中さんがこうして対話に付き合ってくださり出版にも協力してくださったからには、どこかに面白みがあるのだろうとは思いたいが、畑中さんは昔から、こちらが頓珍漢なことを言っても、いつも面白がって聞いてくれてしまう案外親切なところがある。

本書ははなから、畑中さんの『宮本常一——歴史は庶民がつくる』と、宇野重規さんの『実験の民主主義——トクヴィルの思想からデジタル、ファンダムへ』の二冊の本の副読本として構想された。もとより高望みをするつもりはないが、本書を読めばこの二冊がよりいっそう面白くなるであろうことは請け合ってもいいのではないかと思う。

目次

1 翻訳 translation

畑中　この本は、『『忘れられた日本人』をひらく』というタイトルになっていますが、『忘れられた日本人』で民主主義をひらく』くらいが具体的でいいかな、と思ったりしています。というのも、ここでは『忘れられた日本人』という本から、いま改めて何を取り出すことができるのかを検討していくわけですが、中心的な主題はやはり民主主義だろうと感じるからです。

若林　畑中さんが二〇二三年五月に出された著書『宮本常一——歴史は庶民がつくる』でも、そのことは端々でほのめかされていました。宮本常一の考えたことのなかに「公共」や「民主主義」を別のやり方でひらく可能性が眠っているといったことが書かれています。ただ、気になったのは、そこから何か新しい扉が開かれるのかと思ったら、扉の前まで読者を案内したところで、次の話題に行ってしまうことでした。一〇〇ページ縛りの新書なので仕方のないことですが、「その扉開けないんかい！」と何度かツッコミを入れてしまいました（笑）。

畑中　たしかにおっしゃる通りで、宮本が語ったことのなかに、まだ検討されきれていない可能性があることを語りはしたものの、ひとりの人物の思想を入門的にまとめるというシリーズ（「今を生きる思想」）の性格もあって、その可能性自体を十分に検討しきれなかったところはあります。

そのことに改めて気づいたのは、この新書の発売記念のトークイベントを若林さんと行った際に、若林さんから「宮本常一を海外に紹介するなら、どう紹介するのか」というお題で話しませんか、と提案されたのがきっかけでした。

若林 畑中さんの本を読み進めながら思ったのは、これはすでに文化人類学者の松村圭一郎さんが『くらしのアナキズム』という著書のなかで書かれていることですが、例えば文化人類学者のデヴィッド・グレーバーと宮本常一が見ようとしていた世界は、実はかなり親近性があるのではないかということです。そうやっていまわたしたちが手にしている新しい言説を用いて『忘れられた日本人』を読めば、そこに現代的なコンテクストを取り出せるのではないかと思ったんです。そしてそれを必ずしも日本の言説のなかに閉じる必要もないのではないか、というのが「海外に紹介する」というアイデアのきっかけでした。といってわたし自身が「現代的なコンテクスト」にどこまで詳しいのかといえば、だいぶあやしいのですが。

畑中 その発想は正直自分にはまったくなかったんですね。この新書は、宮本常一の人生を振り返りながら、公共性や民主主義といったことを念頭に置きつつ、彼の考えたことを二十一世紀のいまを生きる人たちに向けて紹介することが主眼になっています。そこで思い描いていたのはあくまでも日本人の読者で、いま外国の人が宮本常一に注目するとしたら、どういった観点から興味をもちうるのだろうかといったことは考えなかったんですね。

ところが、そう言われて、海外の人にも興味をもってもらうという発想から考えると、宮本の現代的な意義や、大げさにいうと普遍性がどこにあるのか、もっと丁寧に、注意深くアプローチすることができるように思えてきますし、これまで恥ずかしながら顧みてこなかった英訳を改めて手に取ってみようという気持ちにもなりました。

若林

ジェフリー・S・アイリッシュさんが翻訳された『The Forgotten Japanese: Encounters with Rural Life and Folklore』ですね。アイリッシュさんのプロフィールをネットから拾ってきますと、こういう経歴です。

1960年、アメリカ生まれ、鹿児島国際大学准教授、民俗学研究者。82年、イェール大学を卒業後、清水建設に入社。退職後、30代より鹿児島県・下甑島で3年間漁師として生活。その後ハーバード大学大学院と京都大学大学院で民俗学を専攻。98年より南九

17 海外 普遍性 J・S・アイリッシュ

州市川辺町に移住。2010年から鹿児島国際大学で「まちづくり」や「民俗学」等を教える。

畑中　日本在住なんですよね。ぜひ一度お話を聞いてみたいですよね。ちなみにこのアイリッシュさんの翻訳は、いま最も入手しやすい岩波文庫版とは違う構成になっていて、『忘れられた日本人』には収録されていないけれど関連する文章が含まれています。ちょっと偉そうな言い方になりますが、この目次だけでもアイリッシュさんの見識を見てとることができます。

若林　アイリッシュさんの英語版『The Forgotten Japanese』の目次を掲載しておきましょうか。二部構成になっていまして、前半が「Life Stories（生活の物語）」、後半が「Village Stories（村の物語）」となっています。原著タイトルも併記しておきます。

Life Stories
- Meetings「対馬にて：寄りあい」
- Folksongs「対馬にて：民謡」
- Grandpa Kajita Tomigorō「梶田富五郎翁」

- Nagura Talk 「名倉談義」
- Women's Society 「女の世間」
- Tosa Genji 「土佐源氏」
- My Grandfather 「私の祖父」
- The Worldly (I): Masuda Itarō 「世間師（一）」
- The Worldly (II): Sakon Kumata 「世間師（二）」
- Literate Transmitters (I): Tanaka Umeji 「文字をもつ伝承者（一）」
- Literate Transmitters (II): Takagi Seiichi 「文字をもつ伝承者（二）」

Village Stories

- The Child Hunt 「子供をさがす」
- Tosa Terakawa Night Tale 「土佐寺川夜話」
- Village Meetings 「村の寄りあい」
- The Story of Kawame 「川目の話」
- Totsukawa Landslide 「十津川くずれ」

- Birth of New Totsukawa Village　「新十津川開村記」
- The Wanderers' Family Tree　「放浪者の系譜」

畑中　こうして目次をながめてみるだけでもすでに面白いですよね。『忘れられた日本人』のなかでもとりわけ重要な言葉である「世間」は、「女の世間」では「Society」と訳されていますが、「世間師」という言葉になると「Worldly」になっている。「世間」という言葉に、「社会」という言葉からはみ出していくニュアンスがあることが、ここを見るだけでも感じとることができます。

若林　「Worldly」は「世知に長けた」あるいは「世知に長けた人」という意味ですね。実際難しいですよね、「世間」という言葉をどう訳すかは。ちなみに、畑中さんとは、WORKSIGHTというメディアの「会社の社会史」という勉強会のようなトークシリーズでご一緒させていただきましたが、そこでも明治期の日本人が「Society」という外来語に訳語をあてることにいかに苦心したかという話題が出ました。いずれにせよ「世間」は、翻訳しようとすると、かなり難しい概念です。

畑中　その話はあとで掘り下げるとして、ここではまず、わたしがアイリッシュさんの英訳版の構成が優れているなと感じる点を『忘れられた日本人』という本の成り立ちの経緯を踏まえつつ説明させてください。

若林 お願いします。

畑中 ご多分に漏れず、わたしも『忘れられた日本人』を最初に読んだのは岩波文庫版でした。この文庫版の初版は一九八四年、わたしが大学の四年生のときに出ています。元々未來社から発売された単行本が原著で、発行は一九六〇年です。このときのテキストの編成・編集は宮本自身が行っています。そして岩波文庫版は、この未來社版に歴史学者の網野善彦さんの解説を付けて文庫化したものです。

ところが、『忘れられた日本人』の刊行後、宮本が六十歳の年に同じ未來社から『宮本常一著作集』が刊行開始されます。そのなかの第十巻として、『忘れられた日本人』も一九七一年に再刊行されています。そこでは、原著にはなかった文章が新たに収録されています。

例えば「十津川くずれ」「新十津川開村記」の二篇は、大規模な豪雨災害と、それに伴う北海道への移住を扱っています。十津川の移民は、水害によって村に住めなくなったことによって、新しい住みかを北海道に求めることになった人たちですが、気候変動と移住の問題

は、極めて今日的な問題ですよね。

若林 いまでいうなら、災害資本主義やセトラー・コロニアリズムといったキーワードとも関連しそうですね。二〇二三年八月に起きたマウイ島での山火事について、ナオミ・クラインがそうした観点から論考を書いていました。

畑中 『忘れられた日本人』という表題のなかに、こうした移民の存在を含めたというのは、改めて考えると非常に大きな意義があります。『忘れられた日本人』に対して、かつてあった農村共同体を懐古するスタティックな本という印象をもたれている方もあるいはいらっしゃるかもしれませんが、宮本の視点は、もっとダイナミックで、むしろ日本列島民の流動性や移動性に強く目が向けられており、宮本自身、そのことをかなり強く意識していました。

そうした観点からアイリッシュさんの英訳版を見ると、岩波文庫版ではなく、『著作集』版の『忘れられた日本人』を底本にされているのは慧眼だと思いますし、そこにはアイリッシュさんの問題意識が宿っていると感じることができます。

2 反作用 reaction

若林　『忘れられた日本人』という本をつくるにあたっての宮本常一のモチベーションは、いったいどこにあったと畑中さんは見ていらっしゃいますか。

畑中　これも書誌的な話になってしまいますが、『忘れられた日本人』に収録されている文章の大半は、『民話』という雑誌に連載されていたものです。『民話』は、『夕鶴』で有名な劇作家・木下順二が中心となって運営されていた「民話の会」のいわば機関誌でした。

『夕鶴』という作品名からもわかる通り、木下は、日本の民話を近代演劇として脚本化し舞台化することに果敢に取り組んだ人でした。つまり、民話を戦後社会のなかにどう位置づけ直すことができるかという問題意識をもち、それを雑誌のかたちで展開したのが『民話』でした。

『民話』の成り立ちについては、拙著『『日本残酷物語』を読む』で事細かに記載したので、ここでは割愛しますが、大きな流れだけざっくりと説明しておきますと、戦後日本において、例えば民話のようなフォークアートを熱心に掘り起こしたのは実は左派の人たちで、そうした流れのなかから、のちに網野善彦さんにつながっていくような歴史学の一派が発展していくこととなります。『民話』という雑誌も、こうした左翼的な運動のなかから出てきたものと言えます。

　宮本常一がそこに参加した動機としては、『民話』という雑誌の立ち位置は意識しつつも、木下順二などのやり方とはまた違ったアプローチで、自分なりに「民話」を考えたいということがあったのだろうと思います。面白いのは連載時のタイトルで、「忘れられた日本人」ではなく、実は「年よりたち」というものでした。

若林　それは興味深いですね。

畑中　いまでは、『忘れられた日本人』という魅力的なタイトルにすっかり覆い隠されてしまっていますが、連載時に「年よりたち」だったのはとても重要なことだと思います。

　「年よりたち」というのは、民俗学の用語でいうと「古老」のことですが、宮本のここでの興味は、まず年寄りたちがその時点において、ある共同体においてどういう役割を果たしてきたかという点にあります。それに加えて、そうした年寄りたちのもっている民話的世界が、現在の生活とどのように地続きになっているのかということが宮本の最大の関心事でした。

ここで言う「年より」は、必ずしも「年老いた人」を指しているのではなく、むしろ「さまざまな経験を積んだ人」という点に力点があるのだとわたしは思っています。かつての共同体的世界で多くの体験を積み重ねた人たちでありつつ、近代化がもたらした変化も経験している。宮本は、そのふたつの時代のなかでの経験を積んだ人たちを「年よりたち」と呼んだのではないか。そこには、いわゆる明治維新という過渡期の経験を語れる人がどんどんいなくなってしまったことに対する危機感が反映されてもいたと、宮本自身が書いています。

若林 近代化以前と以後の差分を明らかにしたいということでしょうか。

畑中 そうですね。例えば、宮本常一は、「村八分」という現象あるいは事態は、近代化以前の近世の時代にはなかったという言い方をしています。

若林 近代以降に一般化したものだと。

畑中 「村八分」という仕組みは、近代以降に法律というものが浸透していくことを通じて一般化していったものだと宮本は考えていました。それ以前は村八分というものはなくて、共同体のしきたりを守らない人であっても、ある種の包摂の仕組みがあったと言うんですね。

若林 「包摂」といえば、畑中さんは『宮本常一』のなかで、宮本常一が子どもの頃に読んだものとして、日本の農村社会の姿を近代文学の建てつけをもって描いた作家・小山勝清の小説風の一編を紹介していました。畑中さんの文章をちょっと引用しますと、こんな内容です。

村人たちが少し頭のよくない乞食の女を、罵ったり石を投げたりしていじめていた。大家の息子がそれをみかねてたしなめると、村人たちは乞食の女をいじめなくなった。大家の息子がよいことをしたと思っていると、女が来て、「村人がからかわなくなると同時になにも食べものをくれなくなった、私は途方にくれています」と訴えた。

いじめたり、からかったりするのは関心をもっているということであり、だから食物も与える。からかわないことは無視すること、度外視することで、虐げていると見えるもののなかに連帯意識がある。この話は宮本の心を強く打った。（畑中章宏『宮本常一』）

わたしは、実は『忘れられた日本人』は、ずいぶん昔に適当に読んだきりで、そのときは恥ずかしながら何の印象も残らなかったのですが、今回畑中さんの新書を片手に改めて読み直してみて考えさせられたのは、例えば、一見後進的に見えるこのような「包摂」のあり方をどう捉え直すことができるのか、ということでした。

それを考える上で重要かなと思ったのは、いま畑中さんが「村八分」について話されたように、伝統社会・民俗社会についてわたしたちが自明のことと想定している事柄が、実は近代化のなかでつくられた、いわばフィクションであることが少なからずあるのではないかということです。そして、『忘れられた日本人』には、一貫してそうしたものへの批判的な視点があると感じました。

畑中　例えば、どんな箇所からそれを感じました？

若林　近代の反作用のなかでつくられたイメージについていうと、一番具体的な指摘は、「名倉談義」の松沢喜一翁の談話の最後に出てくる、「結婚」をめぐる話ではないでしょうか。

親におしつけられた嫁というものが七十年まえにありましたろうか。この村にはありません。よい仲をさかれたというのはあります。知らん娘を嫁にもらうようになったのは明治の終頃からでありましょう。その頃になると遠い村と嫁のやりとりをするようになります。おのずと、家の格式とか財産とかをやかましく言うようになりました。それから結婚式がはでになって来たので……。それはどこもおなじことではありませんかのう。

（宮本常一『忘れられた日本人』。以下、本書のみ著者名を省略）

また、このことと関連して、なぜ「名倉」（愛知県北設楽郡旧名倉村。現・設楽町）という土地を取り上げたのかという点について、宮本常一はこうも書いています。

日本の村には大きい地主が土地の大半を持ち、小作人の多い部落と、所有地が比較的平均している部落と二つのタイプがある。地主と小作の分化している村は面白がって皆調査するが、後者の育たない場合がある。後者の場合仮に一時地主が発生しても、それがようなな平凡な村はふりむく人がすくない。そこで私はそういう村に目をとめて見ようとしているのであるが、村（部落）の数からすると、あるいはこの方が多いのではないかとさえ思う。（同前）

畑中　なるほど。前の引用は、まさに、農村が近代化していくにつれて、逆に婚姻の習俗のなかで、それまではなかった家柄や格式といったものに重きが置かれるようになったという指摘ですよね。

明治維新を経て日本が近代化していく過程で、崩壊したはずの武家社会の慣習が庶民の生活のなかで規範化され、それが明治に制定された「家」制度を補完していくことになったのは、よく指摘されることだと思います。そして、その過程で、農村共同体を「家父長制」をもって理解することが広まっていき、それがあたかも事実であるかのようにして戦後まで引き継がれてしまった。そのことへのアンチテーゼとして、宮本は名倉のような場所を調査対象として選んだということですね。

補足しておきますと、いわゆる家父長制に基づく統治構造について宮本は、それが東日本に色濃く見られる特徴だとしています。ですから、『忘れられた日本人』は結果的に舞台となった土地が西日本に偏っています。岩波文庫版の解説で網野善彦さんは、こう解説しています。

戦後、寄生地主制や家父長制が「封建的」として批判されたことが、農村のイメージをそれ一色にぬりつぶす傾向のあった点に対し、西日本に生れた宮本氏は強く批判的であり、それを東日本の特徴とみていた。この書にもそうした誤りを正そうとする意図がこめられていたことは明らかで、それは十分成功したといってよい。ただ逆に現在からみると、ここで語られた村のあり方が著しく西日本に片寄る結果になっている点も、見逃してはならぬであろう。（網野善彦「解説」・『忘れられた日本人』岩波文庫）

若林　網野さんがおっしゃる通り、「地主と小作人によって階層化された家父長制にもとづく血縁共同体」としての「村」のイメージを覆そうという意図は、わたしもかなり強く感じました。そのような「村」はあったとしても、むしろ特殊な例にすぎないと、先の「名倉談義」でも宮本は明確に述べていますし、「文字をもつ伝承者（二）」でも、ほとんど怒りすら感じとれる語調でこう書いています。

学者たちは階層分化をやかましくいう。それも事実であろう。しかし一方では平均運動もおこっている。全国をあるいてみての感想では地域的には階層分化と同じくらいの比重をしめていると思われるが、この方は問題にしようとする人がいない。実はこの事実の中にあたらしい芽があるのではないのだろうか。古い地主の生活をみることも大切であるとともに、そういう財産平均化の姿もみたいと思って、北神谷付近の部落のようすについてきいた。（『忘れられた日本人』）

ここでいう「階層分化」は、地主と小作人の間にあるヒエラルキーのことですが、わたしの印象ですと、宮本常一は、ヒエラルキーが生まれそうになってもなぜか平均運動が起きて、

強い縦の権力構造が生まれない「村」のありように強い興味があって、それがなぜそうなるのか、それが起きる条件はいったい何なのかを、さまざまな角度から考えてみたというのが『忘れられた日本人』なのではないかと感じます。日本にかつてあった村落共同体を、いわば「デモクラティックな空間」として捉え直すといいますか。

畑中　ただ、網野さんが、なぜ「西日本に片寄る」ことを、それとなく批判したのか、その理由がわたしにはよくわかりませんでした。体制に対するオルタナティブなモデルを西日本に見ることができる、と語ることの何が問題なんでしょう。「そういう本なんだから、それでいいじゃんか」と思ってしまったんですが。

『忘れられた日本人』という本は、ただの調査報告の羅列ではなく、宮本が初めて一般向けの書籍としてまとめた本なので、非常に戦略的で、かなり明確な意図をもって編まれています。そのことによって、学術性という観点から見れば偏りの多い本になっているとも言えますが、同時に、それが、この本の「古びなさ」につながっているのだとも思います。このことについては、おそらく本書の最後のほうで触れることにもなるかと思います。

3 寄合 consensus

畑中 いま若林さんがおっしゃった「デモクラティックな空間」のオルタナティブなモデルがいったいどういう条件のもとで成立するのかを検討する上で、『忘れられた日本人』で宮本常一が着目したのは、まずは「寄合」という合議システムでした。

若林 はい。

畑中 『忘れられた日本人』には「村の寄りあい」について書いた文章がふたつ収録されています。ひとつは「対馬にて」の前半部分、そしてもうひとつ、それを受けるかたちで書かれた「村の寄りあい」という文章です。前者は対馬での具体的な話ですが、後者ではどことは特定せず、概念化したかたちで寄合を成り立たせている条件を分析しています。

前者の文章は、まさに村における「寄合」を目の当たりにした体験を書いたものですが、宮本はそのようすをこんなふうにまとめています。

私にはこの寄りあいの情景が眼の底にしみついた。この寄りあい方式は近頃はじまったものではない。村の申し合せ記録の古いものは二百年近いまえのものもある。それはのこっているものだけれどもそれ以前からも寄りあいはあったはずである。七十をこした老人の話ではその老人の子供の頃もやはりいまと同じようになされていたという。ただちがうところは、昔は腹がへったら家へたべにかえるというのでなく、家から誰かが弁当をもって来たものだそうで、それをたべて話をつづけ、夜になって話がきれないとその場へ寝る者もあり、おきて話して夜を明かす者もあり、結論がでるまでそれがつづいたそうである。といっても三日でたいていのむずかしい話もかたがついたという。気の長い話だが、とにかく無理はしなかった。みんなが納得のいくまではなしあった。だから結論が出ると、それはキチンと守らねばならなかった。話といっても理窟をいうのではない。一つの事柄について自分の知っているかぎりの関係ある事例をあげていくのである。話に花がさくというのはこういう事なのであろう。(『忘れられた日本人』)

若林　三日三晩夜を徹して納得するまで話し合うというところだけ読むと、いまの感覚からするとだいぶ深刻な印象ですが、「話に花がさく」感じでだらだらと話が続くというのが、いかにも牧歌的でいいですよね。

畑中　宮本はここでは、村の古文書を借り出したいと願い出たところ、前例がないから寄合にかけると言われて、その寄合を見に行くことになるのですが、古文書の貸し出しの案件が議題に上ったと思うと、いつの間にかほかの議題へと移り、再びその話題に戻ってきたかと思うと、また別の話に移っていくのを目の当たりにします。とにかく悠長です。

若林　この逸話には、さまざまな論点が含まれていて面白いのですが、冒頭で名前を出したデヴィッド・グレーバーの『民主主義の非西洋起源について――「あいだ」の空間の民主主義』という本を片手にこの文章を読んでみると、何やら近いことが語られているように感じます。

畑中　どういうことでしょうか。

若林　例えばグレーバーは、同書の第二章「民主主義はアテネで発明されたのではない」で、こんなことを語っています。

> 平等志向のコミュニティなら人類史を通して存在し続けてきたのだし――しかもその多くは紀元前五世紀のアテネよりもはるかに平等なものだった――、それらはいずれも、集団全体の重要主題に関し、何らかの決定手続きを持ち合わせていた。そうした手続き

には多くの場合、みなを呼び集めて議論することが含まれており、議論の場では、少なくとも理論上は、コミュニティの全構成員が平等の発言権を持つものとされていたのだった。けれどもどういうわけか、こうした手続きは、本来的な意味で「民主主義的」と言えるものではなかったとみなされている。（デヴィッド・グレーバー『民主主義の非西洋起源について』）

畑中　村の寄合こそが、本来的な意味で「民主主義的」だということですか。

若林　「村の寄りあい」を読むと、いまであれば、つい「熟議」といった言葉を思い浮かべたくなりますが、村の寄合に見られるような議論は、投票・採決に紐づいた討論とは「まったく別の何か」だとグレーバーは語っています。彼は寄合に見られるような意思決定のあり方を「コンセンサス」と呼び、議会を念頭においた意思決定プロセスとの決定的な違いを説明しています。ちょっと長いのですが引用させてください。

コンセンサスによる意思決定が典型的に見られる社会とは、少数派に対して、多数派の決定への同意を強制する手段が見出せないような社会である。強制力を独占する国家が存在しない場合であれ、国家が局所的になされる意思決定に無関心であるか介入傾向を持たない場合であれ。多数派の決定を快く思わない人びとを当の決定に従うよう強制する手段が存在しないのであれば、採決を取るというのは最悪の選択だ。採決とは、公の場でなされる勝負であって、そこでは誰かが負けを見ることになる。投票やその他の方式による採決は、屈辱や恨みや憎しみを確実にするのに最適の手段であって、究極的にはコミュニティの破壊をすら、引き起こしかねない。現代的な直接行動グループをやっていくためのファシリテーション・トレーニングを受けたことのある活動家であれば誰でも心得ているはずのことだけれど、コンセンサス・プロセスは議会での討論と同じものではなく、コンセンサスを見出すのは投票による採決とはまったく別の何かだ。反対に、そこにあるのは、誰ひとりとして同意を拒もうと思うほどには異論を感じないような決定を生み出すためになされる、妥協と総合のプロセスである。それはつまり、私たちが普通行っている二つの水準——意思決定とその実施——の区別が、ここではなし崩しになっているということだ。(同前)

畑中　面白いです。いくつかお話しできることがありそうですが、まずは「村の寄りあい」のなか

で宮本が子どもの頃の思い出を語っている箇所から見てみたいと思います。

子供の頃であった。村の寄りあいへ何となくいったのである。祖父についていったのか、父についていったのかも明らかでない。大ぜいであつまって話しあっていた。そしてその中の一人が大きい声で何かしきりに主張していた。子供だから話の内容はわからなかったが、とにかく一人でしゃべっている男の印象だけつよくのこっている。ところが、一人の老人が、「足もとを見て物をいいなされ」といった。すると男はそのまままってしまった。（『忘れられた日本人』）

ここで書かれた老人の一言「足もとを見て物をいいなされ」は、別のところで別の老人が語ったこんな言葉とも対応しています。

……農地解放の話しあいの席でみんなが勝手に自己主張をしているとき、「皆さん、とにかく誰もいないところで、たった一人暗夜に胸に手をおいて、私は少しも悪いことはしておらん。私の親も正しかった。祖父も正しかった。私の家の土地はすこしの不正もなしに手に入れたものだ、とはっきりいいきれる人がありましたら申し出て下さい」といった。するといままで強く自己主張をしていた人がみんな口をつぐんでしまった。（同前）

唐突な引用と思われるかもしれませんが、こうしたエピソードを通して、寄合における「合議」、グレーバーに倣うなら「コンセンサス・プロセス」ではいったい何に重きを置かれているのかを、宮本は語っているのだ思います。

年寄りたちの言葉を通して宮本がここで言わんとしていることのひとつは、まずもって合議は「論破」ではないということです。誰かが強い主張をして誰かがいたたまれない思いをするようなことは、「屈辱や恨みや憎しみを確実にする」だけで、それこそ「コミュニティの破壊」につながりかねない。その感覚の底流にあるのは、おそらく、これまでも、これからも一緒に生きていかなければいけないという前提に立った上で物事が決定されなくてはならない、ということのように感じます。

また、宮本は別のところで、何かと村人たちの世話を焼く「世話焼きばっぱ」について語り、そこでも似たようなことを書いています。

他人の非をあばくことは容易だが、あばいた後、村の中の人間関係は非を持つ人が悔悟するだけでは解決しきれない問題が含まれている。(同前)

若林 つまり「採決」の後も、生活は続いていくわけなんですね。まずは、それが前提になっていることが、寄合が機能するにあたってのひとつの条件だと、宮本は見ていたのだと思います。直接取材したわけではないのですが、いまお手伝いしている「WORKSIGHT」というメディアで、アフリカ研究をされている京都大学名誉教授の松田素二さんにインタビューしたことがありまして、アフリカで紛争解決に用いられる「パラヴァー」という実践思想についてお話を伺いました。これは、ワンバ・ディア・ワンバというコンゴの思想家、社会学者、政治・軍事指導者が、アフリカの伝統的慣習を理論化した実践思想だそうですが、松田さんによると、ここでもやはり「事件後も当事者同士は社会で隣人として暮らしていく」ことが重視されているそうです。

「パラヴァー」で解決される問題は、本当に多様です。村の小さな諍いの解決から、ルワンダのジェノサイド(1994年)や南アフリカのアパルトヘイトのような国際的にも大きな問題の解決までに、「パラヴァー」が活用されています。たとえば村で事件が起きたときには、ビレッジミーティングというものによって解決します。私が調査した西ケニアの村の場合、週に一度、教会の庭に村人が集まってきて、申立人と、被告に当たる人が呼び出されます。村の長老たちが申立人、被告の双方から話を聞き、証人の話も踏まえつつ、判断していきます。村人は誰でも参加でき自由に発言することができます。長老たちの判断の大前提にあるのは、「事件後も当事者同士は社会で隣人として暮らしていく」という原則です。ですから、加害者を刑務所のような場所に隔離し、残った人たちの間でのみ平和な秩序が保たれるといった解決の仕方にはなりません。殺した側も殺された側も、盗んだ側も盗まれた側も、そのコミュニティで共に生きていく。それがアフリカ社会で揉めごとに対処する上での基本的な姿勢なのです。（「インタビュー：「共生先進社会」アフリカに学ぶ 前編：分断を乗り越える「パラヴァー」の教え」、WORKSIGHT）

畑中　なるほど。これはどちらかというと「裁判」のイメージかもしれませんが、長老の役割の設定のされ方に宮本の話と通じるものがありそうです。また、「ビレッジミーティング」という言葉もいいですね。まさに「村の寄りあい」。

若林　ほんとですね。

畑中　これとは別の観点から「コンセンサス・プロセス」の特徴、あるいはそれが機能するための条件として宮本が何を見ていたのかと言いますと、参加している村人たちの発言の仕方です。先ほど若林さんが引用してくださった箇所に書かれていますが、村の寄合は「意見」を言い合う場ではないんですね。

若林　「理屈をいうのではない。一つの事柄について自分の知っているかぎりの関係ある事例をあげていくのである」。

畑中　はい。「対馬にて」のなかにはこんな一節もあります。

……そういう場での話しあいは今日のように論理づくめでは収拾のつかぬことになっていく場合が多かったと想像される。そういうところではたとえ話、すなわち自分たちのあるいて来、体験したことに事よせて話すのが、他人にも理解してもらいやすかったし、話す方もはなしやすかったに違いない。そして話の中にも冷却の時間をおいて、反対の意見が出れば出たで、しばらくそのままにしておき、そのうち賛成意見が出ると、また出たままにしておき、それについてみんなが考えあい、最後に最高責任者に決をとらせるのである。これならせまい村の中で毎日顔をつきあわせていても気まずい思いをすることはすくないであろう。（『忘れられた日本人』）

ここで宮本は、「意見」や「決をとる」といった言葉を使っていますが、ここはグレーバーに倣って、意見を戦わせることでより良い意思決定にいたる従来の民主主義のイメージとは異なるニュアンスで理解すべきなのかもしれません。実際宮本は、「村の寄りあい」の末尾で、寄合の話は「物を議決するというよりは一種の知識の交換」だったと書いています。

若林 知識の交換というのは、いいですね。

畑中 知識とはいっても、宮本が調査・研究の対象としたのは、いわゆる「無字社会」ですから、それは書物的な知識ではなく、むしろ体験・経験でした。似たような事態が昔にあって、そのときはこう対処したと聞いたことがある、とか、うちの祖父はこう言っていたとか、そういった体験・経験に基づく知識なんですね。それがみんなの前で音声言語を通じて交換されていくなかで、一種の集合知が蓄積されていくというイメージなのではないでしょうか。

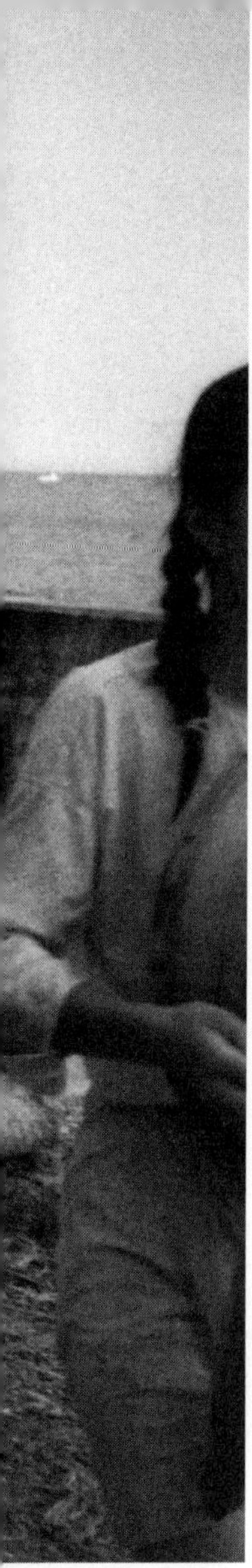

4

実施

practice

若林　わたしはこの間、いわゆるファンダム、日本語でいうと「推し活」にまつわる文化経済に興味をもっていまして、『ファンダムエコノミー入門――BTSから、クリエイターエコノミー、メタバースまで』というムックを制作してみたり、政治学者の宇野重規さんとご一緒させていただいた『実験の民主主義』という新書のなかでも触れたりしているのですが、例えばBTSのファンダムでも、ゲームのファンダムでもいいのですが、そのなかでの情報のやり取りは、自分がやってみたことをシェアし合うという意味で「体験の知識」の共有である側面が強くあるように感じます。

それは別の言い方をすると、一種の「学び合い」だとも言えるのですが、体験の共有というのは、同じ話し合いであっても、みんなで意見を語り合う「討論」や「熟議」とは根本的に異なる何かであると感じます。その違いが何に由来するのか、うまく整理できていないのですが、わたしは先のグレーバーの言葉にヒントがあると思っています。

畑中 それはどの部分ですか。

若林 「意思決定とその実施——の区別が、ここではなし崩しになっている」というところです。ここは、グレーバーという人が『官僚制のユートピア』や『ブルシット・ジョブ』といった本でもさんざん問題にしてきたことで、実は、宇野さんとの本においても重要なモチーフになっているのですが、要は、わたしたちが考える民主主義は、あまりに「意思決定」の部分に重きが置かれすぎて、決定された意思がどう「実施」されるのかという点については、あまりにも無頓着でやってきたということです。

畑中 それは根源的には「官僚制」をめぐる問題ですよね。

若林 そうなんです。グレーバーは、先の引用のすぐ後に、「多数派民主主義が発生しうるのは以下の二つの条件が同時に満たされた場合のみなのだ」として、その条件をこう述べています。

一、人びとが集団的意思決定に際して平等な発言権を持つべきだという感覚の存在、そして

二、決定事項を実行に移すことができる強制力を持った装置の存在。（デヴィッド・グレーバー『民主主義の非西洋起源について』）

畑中　先の引用にあった、「コンセンサスによる意思決定が典型的に見られる社会とは、少数派に対して、多数派の決定への同意を強制する手段が見出せないような社会である」を逆から言ったのがいまの言葉ですね。つまり、採決された内容を、全員に対して強制することを可能にする装置がない場所では、多数決は意味がない、と。

宮本の「村の寄りあい」に即していえば、「みんなが納得のいくまではなしあった。だから結論が出ると、それはキチンと守らねばならなかった」という部分と関わりそうです。

若林　おっしゃる通りで、わたしたちが「民意だ」「民意だ」と言って「意思決定」にだけ口を出せばいいという立場でいられるのは、言ってみれば自分は「実施」には関わらないという前提があるからだというのがグレーバーの指摘でして、これが自分たちが「実施」もやらなくてはならないという前提だった場合、当然、合議の進め方や合意の達し方も変わってきますよね。

グレーバーの民主主義論の根底にあるのは、「自分たちの問題は、自分たちで解決する」のが民主主義の原理だとする考えだと思うのですが、その見方からすると、わたしたちが生きている民主主義は、「自分たちで「実施」する」という「アクション」の部分が決定的に欠けているのではないかと思います。

畑中 アクションに関わらない限り、体験や経験が蓄積されることもないですよね。

若林 そのことが鮮やかに描き出されているのが、『忘れられた日本人』のなかの「子供をさがす」という文章だと思うんです。

畑中 たしかに。「子供をさがす」は行方不明になった村の子どもを、村人が頼まれもしないのに総出で探す顚末を描いた一編ですが、そのなかで、宮本は探索に参加しないでうわさ話に熱中している人たちを冷ややかに描写しています。

……村人が真剣にさがしまわっている最中、道にたむろして、子のいなくなったことを中心にうわさ話に熱中している人たちがいた。子どもの家の批評をしたり、海へでもはまって、もう死んでしまっただろうなどと言っている。村人ではあるが、近頃よそから来てこの土地に住みついた人々である。日ごろの交際は、古くからの村人と何のこだわりもなしにおこなわれており、通婚もなされている。しかし、こういうときには決して捜査に参加しようともしなければ、まったくの他人ごとで、しようのないことをしでかしたものだとうわさだけしている。ある意味で村の意志以外の人々であった。いざというときには村人にとっては役にたたない人であるともいえる。（『忘れられた日本人』）

宮本は、村をあげての捜索を見て「すっかりこわれ去ったと思っていた」村落共同体のありようが残っていたことに感激し、それと対照するかたちで、村の問題に知らんぷりを決めこむ人たちを強い語調で非難するのですが、これはまさに、解決を警察や消防といった外部の強制装置にまかせきりにしてうわさ話をしている、わたしたち現代人の姿でもあります。

若林　ここまで「村の寄りあい」をめぐってしてきた話もそうですが、この子ども探しのエピソードも、そのまま読んでしまうと、昔の共同体はよかったというノスタルジックで懐古的なテキストです。かつ、わがこととして現実的に読むなら、「村の意志」のようなものに従わされて夜中に近所の子どもを探しに行かなきゃいけないというのは、実際かなり鬱陶しくてめんどくさいことでもあるはずです。

畑中　息苦しさがあると。

若林　とはいえ、グレーバーの指摘で重要だと思うのは、こうした共同体においては「強制力を持った装置」が存在していないということで、であればこそ、ここでの村人のアクションは「「村の意志」による強制」とは必ずしも言えないと考えられる点です。つまり、ここで作動しているのは、「意志」と「実施」が分離し「意志」に従うかたちで「実施」が強制されるというメカニズムではなく、「意思決定」と「実施」の区別が「なし崩しになっている」状態において動いているメカニズムだとイメージすべきだと思うんです。

　思うに、わたしたちが理解している民主主義のひとつの大きな問題は、「意思決定」と「実施」が明確に区別され、かつ「意思決定」が「実施」に対してあまりに優位化され、さらに「意思決定」と「実施」の距離があまりに離れてしまったことで、「実施」がブラックボックス化してしまったところにあると感じます。

　こうした状況を、宇野重規さんは『実験の民主主義』のなかで、ピエール・ロザンヴァロンという政治学者の議論を引きながら「承認の民主主義」と「行使の民主主義」という対比をもって説明されていますが、「意思決定／承認」と「実施／行使」の分離がもたらす最大の困難は、まさに宮本常一が「子供をさがす」で書いた「意思決定とその実施の区別がなし崩しになっている」状況を、わたしたちがもはや想像すらできなくなっていることかもしれません。

畑中　面白い読み解きですね。いまの話は「自治」とは何かという問いでもあるように思います。
『忘れられた日本人』のなかでも、宮本は何度か「自治」という言葉を使っていますが、その言葉をわたしたちが慣れきってしまった「意思決定」と「実施」を区別した状態として理解してしまうと、「村の寄りあい」も「子供をさがす」も、懐古的な共同体回帰に帰着してしまいかねないわけですね。

若林 グレーバーは、「意思決定とその実施の区別がなし崩しになっている」原初的な民主主義の例として、例えば大航海時代の初期の頃の海賊船や、サパティスタ運動のガバナンスのあり方を挙げています。『民主主義の非西洋起源について』の「結論」の章で、彼はこう熱弁をふるっています。

民主主義国家とはつねに一個の矛盾でしかなかった。グローバル化は単に、もともと腐っていた基盤をあらわに示したにすぎない。グローバル化は惑星規模の意思決定構造の必要性を生じさせることになったけれども、惑星規模で人民主権の見せかけを維持し続けようという企てなど――ましてや人民参加の実現など――、馬鹿げているとしか言いようがない。では新自由主義的解決はどうかといえば、それは人びとにとってほんとうに必要な唯一の公共的討議のかたちは市場であると宣言し、国家の役割をほとんどもっぱら強制的機能の行使に限定してしまうというだけのものだ。こうした背景のもとで、サパティスタの出した答え――革命とは国家の強制的装置を奪い取ることだと考えるのをやめて、自律的コミュニティの自己組織化を通して民主主義を基礎づけなおそうという提案――は、完璧に有効である。（デヴィッド・グレーバー『民主主義の非西洋起源について』）

畑中　なるほど。「自律的コミュニティの自己組織化」のモデルとして、『忘れられた日本人』が描いた村やそこでの暮らしを見つめ直そうということですね。

5 経営体 enterprise

畑中　いま話に出た、単なる懐古ではない民俗へのアプローチの仕方については、言うまでもなく宮本常一も強く意識していたことでした。「村の寄りあい」の話をもう少し続けますと、この文章では、その「構造」に目を向けています。

具体的に言いますと、ここまで見てきた「コンセンサス・プロセス」のようなものが作動する要件として宮本が注目したのは「年齢階梯制」というものでした。年齢階梯制は、コミュニティの構成員を年齢によっていくつかの階梯に区分する社会制度です。結論から先に言ってしまいますと、「村の寄りあい」のような「合議」が行われている共同体には年齢階梯制が多く見られ、また年齢階梯制が採用されている場所は、血縁より地縁で結びついた「非血縁的な地縁共同体」に多く見られるという仮説を、宮本は提示しました。宮本はこう書いています。

姓を異にした者があい集って住む場合には村の中で異姓者の同業または地縁的な集団が発達して来る。そういう社会では早くからお互の結合をつよめるための地域的なあつまりが発達した。この集りを寄りあいといっている。(『忘れられた日本人』)

若林 あ、そもそも「寄合」という言葉自体が、地縁共同体の産物なんですね。

畑中 血縁で結びついた集落では、ある有力な家の家族内のヒエラルキーが集落内のヒエラルキーの構成にそのまま反映されるけれど、非血縁的な地縁共同体では、そもそもそうしたヒエラルキーが存在しない。多様な人びとがてんでバラバラにやってきて住みついたような集落なので、人びとを束ねるための、なんらかの仕組みが必要となるわけですね。

つまり、宮本の見立てによると、村の寄合のような制度、あるいは年齢階梯制のような制度は、そもそも何の紐帯ももたないコミュニティであればこそ必要なものだった、ということになる。ちなみに中部日本の話ですが、「名倉談義」には、人がどこからかやってきて住みついて、共同体の一員になっていったさまが具体的に語られています。

昔から、こういう山の中の在所でもちょいちょい旅からやって来て、住みつく者もあ

りました。この家にも古川弥兵衛という人が来ておりました。古い戸籍を見ますと大阪府島上郡宮田村の人で、明治十一年にここへ来て住み、松沢米作付籍となっております。全くの遍路姿で、易をたてることが上手でありましたが、ここへおちついたとき、もうよほどの老人であったようであります。私の家へ荷をおろして何となくそのままおちついて、年はとっておりますし、わたしの家でもこの家のまえの屋敷に小さい家をつくって、そこに住まわせました。別にたのまれておいたのでもなくたのんでおいたのでもありませんが、もとはそういうことが多かったのであります。（中略）死にましても大阪の知らせる家もなく、そのまま終りました。昔はそういう人がちょいちょいありました。前歴を人に語ることのできぬようなこともあったのでありましょう。しかしまた、村の者もそういう事をきこうとしなかったものであります。（同前）

若林　面白いですよね。ちょいちょいいたのか、と。

畑中　宮本がこういう話を好んで取り上げたのは、先に「十津川くずれ」「新十津川村開村記」という文章について触れた通り、特に西日本に見られるような村落が、閉鎖的でスタティックなものでは全然なく、むしろ外部から絶えず人が出入りしている、非常にダイナミックな空間であることを語りたかったからなのだと思います。

若林 『忘れられた日本人』を読むと、たしかに村落のイメージが変わります。

畑中 さらに宮本は、このような開放性の高い地縁共同体の特徴として「辻」というものをもっていることを挙げています。

……大和・河内地方の民家の密集している村々では、村の中に道が一ヵ所ややひろくなっている所があり、そこを辻とよんでいるが、この辻を持つ所はたいてい辻寄りあいのおこなわれた村であり、非血縁的な地縁結合がつよい。

したがって日本の村の中、合議制が見られたというのはこうした村々であって、それは必ずしも時代的な変遷からのみ生れたとは見難いのである。（同前）

若林 西洋でいうところの「広場」ですね。

畑中 見知らぬ人同士を束ねていくための制度や装置が、こうした村落では折り重なりながら発達していくわけですが、そのなかにあって、年齢階梯制は特に重要なもののひとつとして考えることができます。

年齢階梯制は、「子供組」「若衆組」「年寄衆」といったかたちで、コミュニティの構成員を年齢帯で区切って、そこに「横のつながり」を生み出すことが意図されているわけですが、注意すべきは、だからといって年齢階梯制の「横のつながり」のなかだけで生活が営まれたのかというと、そうではないことです。もちろん、家族というものは個別に存在していますので、祖父・祖母―両親―子どもといった縦のつながりもあり、そのなかでは家父長制的な規範は存在しています。その意味で、縦と横のつながりが縦糸・横糸として織り上がるメッシュ構造のようなイメージなのだろうと思います。

若林 出自や文化背景が異なる人たちが集まって暮らしを営む以上、村落全体を統合しうる「縦糸」がそもそも存在しないがゆえに、そうした「横糸」が必要になるのかなと思ったりしますし、その一方で、縦の構造の窮屈さを緩和するという意味でも、横の構造が必要だったのかもしれないとも想像します。

畑中 いま、若林さんがおっしゃった話はまさにその通りで、「村の寄りあい」の文章のなかに、例えば「年より仲間」において、どんなことが話されているのかが、こんなふうに書かれています。

その村では六十歳になると、年より仲間にはいる。年より仲間は時々あつまり、その席で、村の中にあるいろいろのかくされている問題が話しあわれる。かくされている問題によいものはない。それぞれの家の恥になるようなことばかりである。そういうことのみが話される。しかしそれは年より仲間以外にはしゃべらない。年よりがそういう話をしあっていることさえ誰も知らぬ。（同前）

あるいは、同じ文章のなかに、年配の女性たちが「観音講のおこもり」をしているところに宮本が参加して、観音講について根掘り葉掘り聞くという場面があります。「講」も「衆」といったもの同様、「横のつながり」をつくるものですが、講の意義について「ばあさんたち」はこう語ります。

「つまり嫁の悪口を言う講よの」と一人がまぜかえすようにいった。しかしすぐそれを訂正するように別の一人が、年よりは愚痴の多いもので、つい嫁の悪口がいいたくなる。そこでこうした所ではなしあうのだが、そうすれば面と向って嫁に辛くあたらなくてもすむという。

ところがその悪口をみんなが村中へまき散らしたらたまったもんではないかときくと、そういうことはせん。わしらも嫁であった時があるが、姑が自分の悪口をいったのを他人から告げ口されたことはないという。つまりこの講は年よりだけの泣きごとの講だというのである。(同前)

若林 一種のガス抜きといいますか、本音と建前があるとしたら横のつながりが「本音の世界」となっている感じですね。

畑中 ただ、性別や年齢階梯制に基づく「仲間」「組」といった「横」の紐帯となる組織は、それ自体がなかなか複雑で、近い年齢の人たちがただ語らうだけのための空間かというともちろんそんなことはありません。

先に見た「年より仲間」での会合は、ある意味政治的な会話をする場所となっていますし、それ以外の仲間や組も、例えば祭りの準備や、道をつくったり、溝をさらったり、田植えや蚕を共同飼育するといった具体的な「仕事」を執り行うための単位でもありますので、それぞれの任務を遂行するにあたっての打ち合わせなども行われています。つまり、年齢階梯制や性別に則ったグループは、ある意味、村の事業経営における部門としての意味合いもあるわけです。

村落共同体というものは、生活空間であると同時に、事業空間あるいはビジネス空間でもあるということに留意する必要があるんですね。これは「家」という概念を考える上でも重要で、このことは、若林さんとご一緒した「WORKSIGHT」のイベントシリーズ「会社の社会史」でも話題になりましたよね。


若林　はい。このイベントシリーズではかなり目から鱗な話を得ることができて、個人的にはとても楽しかったのですが、そのなかでも「家」と「会社」の関係性にまつわる議論は面白いものでした。

日本の会社は「家族経営」という言葉からもわかる通り、「家」というもののあり方を「会社」のあり方にオーバーラップさせていることが指摘されますが、ここでわたしたちが見落としがちなのは、そこで言う「家」が、明治民法によって規定された「家」なのか、それともそれ以前の「家」なのか、明確に規定されぬまま語られてしまっている点です。つまり、明治以前の「家」と、明治民法によってつくられた「家制度」が混同されているんですね。

では、明治以前の近世社会の「家」はいったいどんなものであったかと言いますと、日本近代史をご専門とする松沢裕作さんは『日本近代社会史――社会集団と市場から読み解く

1868-1914』のなかでこう書かれています。

近世社会の「家」とは、代々継承される家業と財産をもち、男性当主から次の世代の当主へと世代を超えて永続する組織である。男女の「家」構成員は「家」という経営体を労働の単位としていた。「家」経営体は生産・営業の単位であると同時に共同生活の単位であるという点で、職住分離の「家庭」型家族とは異なる。（松沢裕作『日本近代社会史』）

つまり「家」は「経営体」だとおっしゃるんですね。また、松沢さんは、別の箇所で「家」は「本来、農家や中小商工業セクターのものである」とも書かれています。さらに政治学者の中村敏子さんの『女性差別はどう作られてきたか』でも同様のことが語られています。

そもそも「家」は、夫婦とその子どもが核となる企業体でした。それゆえその根底には、血縁という生物的つながりと愛情があります。その上で各メンバーが役割という衣を着ることで、「家」は運営されていたのです。社会の流動化により「家」から男性の役割が流出し、女性の役割の衣がはがされることで、その根底にあった生物的つながりと愛

佐渡のニュースは
佐渡民報で

情が、家族関係の構成原理として現れてくることになりました。つまり「家」は役割の統合にもとづく企業体であることをやめ、生物的つながりと愛情をその組織原理とする「家族」へと変容していくのです。（中村敏子『女性差別はどう作られてきたか』）

畑中 ここは面白いやり取りでした。この議論の延長線で、平塚らいてうと与謝野晶子が、女性の「母性」の保護をめぐって展開した「母性保護論争」が話題に上がり、ふたりが「家」というものを問題にしたときに、平塚・与謝野両氏の「家」の観念が、実は似て非なるものだったのではないかという議論が出ました。

具体的には、平塚の「家」はどちらかというと「武家」を、与謝野の「家」は「商家」を念頭において語っているのではないか、ということです。とりわけ与謝野は大阪・堺の和菓子商の家に育ちましたので、「家が経営体である」という観点から、女性と仕事、あるいは女性と家庭の関係を捉えていたことが強く感じられます。

これを宮本常一の論点に寄せますと、網野善彦さんが指摘した通り、宮本のなかにあった「封建的な家父長制の東日本」と「そうではない西日本」という図式とも重なり合ってきます。

これはあくまでもわたしの見解ですが、東日本と西日本の対比ということについて言いますと、宮本常一の見方をある意味引き継いで発展させたのが網野さんだったと言えます。網野さんは出身が山梨県で、東日本の社会のあり方が歴史を検討する上での基礎になっていることを、網野さん自身が疑問に思っていたところがある。そこに宮本常一の民俗学をもってくると、自分が前提として考えてきた武家社会的な東日本とは異なる社会の仕組みが西日本にあることが見えてくる。

この東と西の対比を、武家と商家の対比としてパラフレーズしてみると、そこには血縁に基づかない独自の組織構造があるわけです。よく親族構造については、母系制か父系制かといったことが語られますが、柄谷行人さんなどは「双系制」から日本社会を見ることを提案しています。

若林　「双系制」ですか。

畑中　父方の系譜、もしくは母方の系譜のいずれかだけを社会的に承認された親子関係とするのが単系制ですが、双系制ではどっちもありなんです。商家では、長女が養子をもらうかたちで血縁ではないけれども能力のある人が家の事業を承継することがありますよね。父方の血縁者でも母方の血縁者でもない人を戸主に据えてしまうわけですが、そこでは、血のつながりが武家ほどには重視されていません。

これは、西日本と東日本の違いというよりは、武家と商家の違いとして見たほうがよさそうで、商家のあり方がより広く浸透した結果、西日本にそうした傾向が強く表れたと考えたほうがいいのかもしれません。


若林 武家というのはかつては武将＝軍人だった人たちが、江戸時代になって官僚・役人として再編成された集団だと言えると思いますが、その武家のありようが日本全体の「家」のモデルになってきたということはおそらく現代においても引き継がれていそうです。

というのも、サラリーマンのイメージって、やっぱりどこか「下級武士」のイメージなんですよね。日本の近代化は、その意味で、商家の伝統を武家の伝統で一律に全部上書きしてしまうものだったと考えたくもなります。

もっとも、近代マネジメントの仕組みがアメリカで発達していくにともなって、ビジネスが「商い」から「工学」へと変わっていったと言えるなら、日本におけるそうした転換もグローバルな現象の一環だったとも言えそうです。以前どこかで「経済学の歴史は、商業を排除していく歴史だ」と読んだことがあります。

畑中 武家の経営のオルタナティブとしての商家の経営ということで言うと、網野善彦さんの隠れた名著『女性の社会的地位再考』にはこんな文章があります。十世紀頃の話ですが、それこそ経営体＝商家としての農家のありようがよく表されているかと思います。

近世以前の女性はこの分野、繊維製品については最初から、製品をつくって市庭に持っていって、商人に売るまで全部自分でやっていることになります。つまり、完全に生産物を自己管理していたのです。しかも、市庭で物を売るためには相場を見なければなりません。十三世紀後半以降になると、市庭の商品にはみな相場(和市)が立っています。(網野善彦『女性の社会的地位再考』)

著書のタイトルからもわかる通り網野さんは、この本で伝統社会における女性の地位について考察していますが、女性の働き方や社会的な役割を考えるにあたって「家」という現場が、そもそもどういうものとして想定されているかに留意しないと、先の「母性保護論争」において平塚・与謝野の議論がずっと平行線をたどったように、議論が噛み合わなくなってしまいます。

若林　余談かもしれませんが、畑中さんはこのときのトークイベントでも、日本における「私有財産」の起源は、こうやって「完全に生産物を自己管理していた」女性たちの「ヘソクリ」にあると語られていました。面白い話ですので、畑中さんの解説を引用しておきますね。

かつての日本では財産が個人ではなく「家」に帰属していたというのはまさにそうでして、実際、日本の「家」において当主は自分の財産をもっていないんですね。農村の場合ですと、前回でも少しお話しした通り、育てた蚕を売りに行くなどして市場経済に近いところにいたのはむしろ女性でしたから、日本の民俗社会における私有財産の発祥は、女性の「へそくり」だったといわれています。それどころか「ワタクシ」の語源は「ヘソクリ」だったんですね。『綜合日本民俗語彙』によると、「ワタクシ」は女性に許された最小限度の財産を指すとされています。例えば沖縄では「ワタクサー」、沖永良部島では「ワタグシ」と発音したそうで、女性が所有する金銭、不動産、牛、羊なんかがそこには含まれる。それはどこかに隠しておくもので、親や夫には内緒にされています。(「会社の社会史#2　日本の「勤勉」と資本主義の「倫理」：民俗学者と考える「会社」の謎」、WORKSIGHT)

畑中　「ヘソクリ」の話については、実は『忘れられた日本人』のなかでも「私の祖父」という章で触れられていまして、「家」の財産をめぐる仕組みが、こんなふうに解説されています。

この地方では家の財産は家の人たちの生命をまもり、生活をたてるためにつかわれるが、自分自身でしたいことをするためにはそれぞれヘソクリをつくる。主人からもらうこともあるがたいていは自分でかせぐのである。しかし戸主や主婦は家の仕事におわれてなかなかそれができない。すると主婦の場合ならば、その実母からヘソクリをもらうことが多い。実母は親もとで大てい隠居している。隠居が自分でもうけた金は自分のものになる。それはどんなにつかってもいい。そういう金はたいてい嫁にいっている娘に与えるのである。(『忘れられた日本人』)

若林　家の財産はいうなれば「公金」であって、自分の好きには使えない。自分の好きなことをやりたければ、副業でもやって、ヘソクリとして貯めないといけない、というのは、実はいまのサラリーマン家庭にも感覚的には受け継がれていそうな気もします。

畑中　お小遣い制もそうでしょうし、サラリーマンがかつて、パートナーの女性を「うちの大蔵大臣」と呼んでいたあたりにも、その痕跡を見ることができそうです。

若林　家というものを一種の事業法人として考えるというのは、そのほうがしっくりくる感じはありますよね。

畑中　この話と関連しつつも、わたしたちがイメージする女性とは真逆の姿も、宮本は書き残しています。山口県の日本海側に浮かぶ見島という島の話で、とても面白いエピソードです。

浦では、女の仕事といえば延縄の鉢の繰直しである。男が戻って来てまた沖へ出るまでの間に繰り直す。そのほかにはムギ搗きをするくらいのことであろうか。在郷の女にくらべるとその働きは半分にもならぬ。時間があるので男が沖に出ている間に女たちが三人五人集ってバクチを打つことが多かった。どこか家を借りて花札で金をかけてやったものである。男も正月にはバクチを打った。女がバクチを打ったのは財布を女が持っていたからである。魚を仲買のところへ持って行くのは男女の間にいずれときまっていなかったけれども、魚を売った金はすべて女がにぎっていた。そのためバクチも女の間にはやったものである。

それに女たちは気楽でもあった。男とうまくあわねばサッサと家へかえったものである。男が出すのではなく女が出て来たのである。こうして三～四回離婚する女は少なくなかった。（宮本常一「見島の漁村」）

要するに、私財を手にした女性たちが、全然働かず、博打ばっかりやっているわけです。

若林　で、文句を言うと、とっとと出ていっちゃう。奔放ですね。

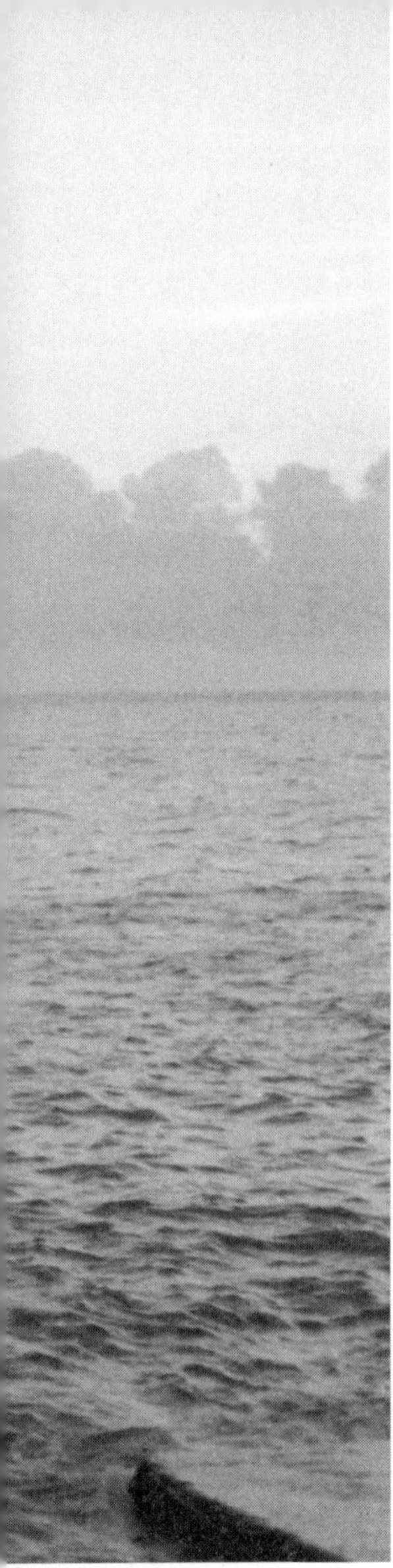

6 海賊 pirates

若林　前章の最後に語られた奔放な村落のあり方をイメージする上でも、しつこくグレーバーの『民主主義の非西洋起源について』を取り上げたいのですが、この本の大きな山場は、民主主義の起源が、実は「初期近代の大西洋世界における海賊船」にあると指摘するパートです。

そこで語られた海賊のイメージを通して、バックグラウンドの異なる人びとが寄り集まり、意思決定と実施の区別がなし崩しになりつつ、生活と仕事とが一体化しているようなデモクラティックなコミュニティの原型を想像してみることができるのかもしれません。

グレーバーは「ヨーロッパ民主主義の分野における現代の指導的な歴史家」ジョン・マーコフの以下の文章を引用します。

指導者の力は指導される人びととの同意に由来するのであって、上位の権威によって授けられるのではないという発想は、初期近代の大西洋世界における海賊船乗組員たちの経験であったように思われる。海賊船乗組員は単に船長を選ぶのみならず、対抗権力の仕組み（操舵手と船内会議というかたちで）や個人と集団の契約関係（戦利品の分け前と仕事中の負傷の保障率について明文化した船内規約というかたちで）にも親しんでいた。（John Markoff "Where and When Was Democracy Invented?" デヴィッド・グレーバー『民主主義の非西洋起源について』）

またグレーバーは、海賊船の構成員についても言及しています。

多くの場合、乗組員の構成はきわめて雑多なものだった。「一七一七年にブラック・サム・ベラミーが率いた乗組員は『あらゆる国の人びとの混交』からなっていた。イギリス人、フランス人、オランダ人、スペイン人、スウェーデン人、アメリカ先住民、アフリカ系アメリカ人、さらにはある奴隷船から解放された二ダースほどのアフリカ人までいた」。つまり言い換えればこういうことになる。ここには、スウェーデンの「ディング」からアフリカの村会、そして、〈六部族同盟〉の成立基盤となったアメリカ先住民の評議会に至るまで、直接民主主義の多様な諸制度について、少なくともある程度直接の知識を持っている人びとが含まれている。そうした人びとを含んだ一群が彼ら自身、国家が完全に不在であるなか、突如として自己統治のやり方を即興で編みだすようにと強いられる、というわけだ。これこそは完全な、異文化間の実験空間だった。（デヴィッド・グレーバー『民主主義の非西洋起源について』）

畑中　多様なバックグラウンドをもった人びとが、自分たちの経験を知識としてもち寄るところは、まさに「村の寄りあい」で見たのと同じ景色ですし、そこが絶えざる即興、実験の空間であるという指摘も、実は、宮本のビジョンと重なるところがあります。

そこに行く前に、海賊とデモクラシーという論点に近いかもしれない話が、先に挙げた宮本常一の「見島の漁村」に出てくるので、それをご紹介できたらと思います。

見島では、農業を生業とする集落と、漁業を生業とする集落とが共存していました。前者は「郷」と呼ばれ、後者は「浦」と呼ばれています。宮本は、この「郷」と「浦」とでは、統治の形式がまったく違うと解説しています。農業をやっている郷では、世襲制が重んじられ、村長も世襲で受け継がれています。ところが漁業をやっている「浦」では、どういうところで漁をするのかとか、同じ港から出漁する船がどういうことをルールとして守らなきゃいけないかといった取り決めを統括する「大船頭」という役割があり、この大船頭は選挙で選ばれています。

そのときに「浦」の構成員が、何を基準に大船頭を選ぶかと言うと、経験の豊富さや技術の高さだったりする。つまり、世知に長けた、能力のある人を選ぶんですね。

若林 経験の豊富さとその蓄積が「世知」として価値化されていると。

畑中 面白いのは、世知に長けているからといって専門外のことまで管轄するかというとそうではなく、専門によって大船頭が複数人、並び立つ点です。

……アマダイ延縄仲間の大船頭がアゴ網の大船頭になるということはなく、別にアゴ網の巧者な船頭がえらばれた。このようにしてアマダイ延縄、ワカメ刈、アゴ網と、海人四人の大船頭がおり、それが漁期になる出漁の指図をしたり、またとれたものを仲買人に売る場合の値のとりきめなどをしたりした。そしてそのとき売上げの中から歩金をとって仲間運営や部落運営の経費にあてた。運営といっても飲食や祭礼などの費用が主であった。（宮本常一「見島の漁村」）

若林　「大船頭」が率いているのは、一種のギルドであり、村落共同体でもあるということですね。ここでもビジネスと生活が、ある意味一体になっている。

畑中　そうですね。

若林　船ということで言いますと、「メシモライ」という存在に触れた「梶田富五郎翁」も『忘れられた日本人』のなかで印象深い章です。

畑中　ここで宮本が聞き取りを行った梶田翁は、対馬で出会った八十歳をすぎた老人で、生まれは宮本の故郷、周防大島にある久賀というところです。どういう経緯で久賀から対馬へとたどり着き、そこに根を下ろすにいたったのかを語ったひとり語りによる一代記ですが、とても面白いものです。いま若林さんが言った「メシモライ」が出てくるくだりを見てみましょう。

——わしが、初めてここへ来たのが七つの年じゃった。まだ西も東もわからん時でのう。わしは親運がわるうて、三つの年におやじに死なれ、おふくろもその頃死んだ。兄弟もみな早うに死んでのう、身内の者といえば叔母が一人おって、そこへ引きとられた。ところが政村治三郎という人に子がのうて、育ててみようちうて、そこへ引きとられて七つまでそこにいた。（中略）

それがどうしてここへ来たちうか。それはな、久賀の大釣にはメシモライというて——まァ五つ六つ位のみなし子を船にのせるならわしがあって、わしもそのメシモライになって大釣へのせられたのじゃ。大釣ちうのは、漁船でも大型のもんで一ぱい（一艘）に五、六人はのったろう。久賀の沖で釣るのじゃのうて、みな遠くへ出ていったもんじゃ。

（中略）

ところが、わしがメシモライでのせてもろうた船がたまたまその対馬行の船じゃった。忘れもせん、明治九年のことで、久賀を出て何日もかけてここまで来た。風のある日はミヨシにこまい帆をまいて、風のない時は櫓をおろして、博多まで来ると、そこでミソやショウユやシオや米を積んでのう。玄海島ちう博多の湾の口にある島で日和まちをして、二日も日和がもつと見定めて、それから出ましたんじゃ。生れてはじめてメシモライで乗った船がいきなり対馬へ行くんじゃから、子供心にたまげたのう。久賀のせまい町の中が遊び場じゃったのが、どっちを向いても波ばかりで、船はちっともじっとしちァおらん。どだいゆりあげられたりゆりおろされたり、子供心にもこりァたまらんと思うて、船ばたをじいっとつかまえて、そのまァ大けな波ばかり見ちょったもんじゃ。大人はそれでもえらいもんで、その大波の上を櫓を押して行くんじゃ。

そうしてあんた、夜になってもやっぱり櫓をおして、壱岐の島へついた時ァほっとしましたいの。壱岐の勝本の丘へのぼると、はァるか北の方に山が見える。あれが対馬じゃちうて教えてもろうたが、これからまたあすこまで行かにゃァならんのかと思うて心細いことじゃった。

わしはメシモライじゃから仕事はなかった。ただおとなしう船の中で遊うでおればよかった。せまい船の中で、あそぶことも何にもないけえ、退屈にはあったが、みんながかわいがってくれるけに、何とかもてたもんじゃった。(『忘れられた日本人』)

若林 光景が目に浮かんでくるような描写です。個人的に面白いなと思ったのは、「メシモライ」は、ただ乗船しているだけで働かないところです。例えば映画のなかに出てくる海賊船なんかだと子どもが乗っていたりしても、たいていこき使われてるじゃないですか。そういうことがないのは、ある意味優しい。

畑中 とはいえ、この梶田翁は、十歳くらいになると「カシキ」の仕事についたと語っています。「カシキ」は飯炊のことですが、彼によれば、これは「一人前にならん子供か、六十すぎの年よりの仕事」だったそうです。賃金ももらえて、貧しい家では口を減らすために、早くから漁

壱岐　海賊船　カシキ

船のカシキに出したものだとも語っていますので、そこには当然、過酷な経済合理性が働いています。

けれども決してそればかりではなく、子どもは子どもとして自由に遊ばせておくということが、ならわしとして制度化されているのは、たしかに面白いですね。ここにも年齢階梯制に根ざした世代ごとの役割分担の感覚を見ることができますが、年齢階梯制においては、子どもたちは子どもたちでグルーピングされ、横のつながりはそれとして自律性をもったものとみなされているんですね。

『忘れられた日本人』のなかで最も有名だと思われる「土佐源氏」の章は、四国は土佐の元「ばくろう」(馬喰)でいまは物乞いに身を落としている老人のひとり語りで、赤裸々な性遍歴にばかり注目が行ってしまいがちですが、子どもについても興味深い話をしています。彼は自分の子ども時代をこう振り返っています。

昔は貧乏人の家の子はみんな子守り奉公したもんじゃ。それが頭に鉢巻して子供をおうてお宮の森や村はずれの河原へ群れになって出てままごとをしたり、けんかをしたり、歌をうとうたりして遊うでいた。わしら子守りのない男の子は、そういう仲間へ何となくはいって遊うだもんじゃ。親はなくとも子は育つちうが、ほんにそうじゃな。

ただみんな学校へいくようになってもわしは行かなんだ。子守りとあそぶ方がよかった。子守りにも学校へいかんのがえっとおった。わしの子供の頃はまだ学校へいく事をあんまりやかましういわなかったでのう。女の子とあそぶ方がよかった。それに十になっても学校へいかん男の子は少かったで、守りたちの仲間とあそんでいると、かわいがってくれたもんじゃ、ほかに学校へいかん男の子があっても貧乏な家の子はみな家の手伝いをしたもんじゃが、わしはまっぼり子（私生児）で、爺婆に育てられたから、山へ行け田へ行けということもなかった。（同前）

若林　土佐源氏は、ここで学校の話をしていますが、例えば、アナール学派の歴史家フィリップ・アリエスの『〈子供〉の誕生――アンシァン・レジーム期の子供と家族生活』なんていう本を改めて見てみますと、「教育」というものが子どもと青年に対してなされるものだという考えは、少なくともヨーロッパでは十六〜十七世紀くらいに明確なかたちを取るようになったと説明されています。ここから「学校」が制度として発達していくわけですが、それに合わせるかたちで「家族」というものの考え方が転換していくことにもなったと書かれています。

畑中　「家族」のあり方は、当然、「子ども」をどういうものとみなすかと連動しているということですね。

若林　これをそのまま日本に当てはめるわけにもいかないとは思いますが、西欧において「学校」がもたらした社会的な転換は、明治期に学校制度の導入によって、日本社会にもたらされた転換と重なるところもあるとも思いますので、一応引用しておきます。

この後、子供は人生に入っていくためには十分成熟していないこと、子供を大人たちと一緒にし混淆するに先立って、ある特殊な体制のもとに、世間から隔離された体制のもとに置いておく必要があることが認められるようになる。

この教育への新しい配慮は少しずつ社会の中心に根をおろしていき、ついには根底から社会を変換する。家族は財産と姓名とを伝えていくようなたんなる私権の制度であることをやめ、道徳的かつ精神的な機能を主張するようになり、家族が魂と身体を形成する。身体生理的な世代と法律的制度とのあいだには、教育が埋めていくことになる空隙が存在していた。子供にたいしてもたらされた新しい配慮は新しい意識を吹きこみ、新しい感情生活を誕生させ、十七世紀の絵画は執拗なまでに近代の家庭のもつ感情である幸福を表現したのであった。（フィリップ・アリエス『〈子供〉の誕生』）

家族が、ただ財産と姓名を守る私権の制度であることをやめて、いわば「愛情」や「道徳」によって統合される空間へと変わっていき、その過程で家父長制が、ある意味ねじれたかたちで近代化以降の日本の「家」のなかに組み込まれたことは、先ほど話題にした中村敏子さんの『女性差別はどう作られてきたか』でも書かれていたことですが、子どもの存在が、その転換における重要なファクターだったというのは、興味深いところです。

畑中 大雑把な言い方になりますが、宮本常一が描いた子どもたちの世界の特徴は、子どもたちが子どもたち同士で教え合い、学び合うような空間になっていたと見えるところです。家のなかでのしつけといったことはあったにせよ、年齢階梯制の場合、ルールを破ったりしたことに対して、それをたしなめるのは同じ年齢グループの「仲間」であって、同じ年齢のなかでルールを決めて、ルールが破られた際にもグループのなかでそれが処理されていく。言ってみれば、上から下に対してルールが課せられるシステムではなく、横のつながりのなかでその秩序を維持していく制度なんですね。

ところが、いまの指摘は、学校制度によって子どもたちが社会のなかに隔離され、家族と

いうものに道徳的・精神的機能が期待されていくことで、家も共同体も、縦の上下関係だけで編成されるようになってしまったということを示しているわけですね。

若林 横のつながりが失われていった、と。

畑中 『忘れられた日本人』では「世間」という言葉が非常に重要なキーワードになっていますが、わたしに言わせると、横のつながりを失ったということは、すなわち「世間」を失ったということでもあるのかと思います。

7 世間 worldly

若林　「会社の社会史」のトークシリーズの第一回では、明治期の日本において「会社」「社会」の訳語の制定に大変な紆余曲折があったという話が出ました。

そのなかで図書館学の齋藤毅さんの『明治のことば――東から西への架け橋』（のちに『明治のことば――文明開化と日本語』に改題）という本を紹介しました。「Society」という英語にどんな訳語をあてるか、明治期の日本人の苦労の軌跡がここでは書かれていますが、それをするにあたって当時の人びとがまずやったのは、「Society」を「横のつながり」としてひとまず理解し、自分たちの生活のなかにある「横のつながり」を探すことだったと齋藤さんは説明しています。

つまり、「信仰や趣味・娯楽・運動または商売などの共通の目的で同志相寄って組織する団体」を「Society」の訳語としてイメージしたわけです。齋藤さんは、当時「Society」の訳語として使われた言葉を、こう列記しています。

会／公会／会社／仲間会社／衆民会合、社／結社／社友／社交／社人／社中、交社／交際／世交、人間／人間道徳／人間仲間／人間世俗／人倫交際、懇、仲間／組／連衆／合同／一致／仲間会所／仲間連中、為群／成群相養／相生養（之道）／相済養、世俗／俗化／俗間／世間／世道／世態、民／人民／国民／邦国／政府（齋藤毅『明治のことば』）

畑中　結果的に定着することになる「社会」という訳語の「社」の字は、元々は中国の宗教的・地縁的共同体を「社」と呼ぶのに近い用法だったとされていますが、いま挙げられたなかに、やはり「世間」という言葉は入っていますね。『忘れられた日本人』の英訳版で、「世間」に「Society」の訳語があてられていることを考えてもうなずけます。

若林　とはいえ、「社会」と「世間」は、やはり似て非なるものですよね。

畑中　齋藤さんの本でも指摘されていたと思いますが、当時の日本人にとって理解が難しかったのは、「社会」というものを、「社会一般」といったときのような統一的な概念として理解することだったたと言います。つまり、わたしたちが「社会に出ていく」といったとき、そこで想定されている社会は、ひとつのものですよね。

若林　抽象的な、いわば観念上にしかない概念だということですよね。

畑中 ところが『忘れられた日本人』でも見てとることができるように、ここに描かれている人びとは、統一した観念としての「社会」はもっていません。ここに登場する人びとは「世間」というものを通して世界を理解しているわけですが、「世間」というものの最大の特徴は、それが複数同時に存在するということです。さらにいうと、個々の人は、ひとつの「世間」のなかにしか存在できないわけではなく、折り重なった複数の「世間」のなかに同時に生きていることです。

若林 「女の世間」とか「年寄りの世間」とか「子どもの世間」とか、それぞれに別個の「世間」があると。

畑中 例えば「女の世間」の章は、こんな書き出しで始まります。

> 女はまた、共同体の中で大きな紐帯をなしていたが、それは共同体の一員であるまえに女としての世間を持ち、そこではなしあい助けあっていた。（『忘れられた日本人』）

この文章は、一見簡単なことを言っているように読めますが、よくよく考えるとイメージするのが難しいところがあります。

先ほど、年齢階梯制におけるグルーピングは、事業共同体における一種の「分業」制度としての側面があるという話をしましたが、そこでは「横のつながり」が、具体的な業務に紐づいたギルドや互助会のように、かなり具体的な目的や役割をもった集団として編成されているイメージもあります。けれども宮本のこの一文は、そうした合目的性の手前に「世間」というものがあると語っています。いわば合目的的な紐帯が発生するための、土台となる素地のようなものとして「世間」というものがイメージされているとでも言いましょうか。

ここでは、当然、女性には「女の世間」、男性には「男の世間」、子どもには「子どもの世間」があると想定されています。「世間」というものは、ある意味、人が「そのなかに生まれ育つ環境」を、例えば性別、年齢、言語、土地といった、いわば物理的な制約に基づいて区分けしたものと言えます。ただ、先ほどお話しした通り、その「世間」のなかに生まれ育ってしまったら、そのなかでしか生きられないかというとそんなことはなく、人は絶えず複数の世間のなかで生きていますし、その外に出ることができないかというとそんなことはなく、よその「世間」に出向いてそれを見聞して回ることができます。

若林　唐突な例えかもしれませんが、ソーシャルメディアが引き起こす問題として、自分と似たような意見の人としか出会わなくなって、世界の見方がどんどん偏っていってしまう「フィル

畑中　ターバブル」や「エコーチェンバー」といった現象があります。わたしは、それが「世間」というものと、ちょっと似たところがあるかもしれないと思ったりします。「フィルターバブル」のような現象は現在大きな問題となっていますが、そこが、似たような意見や価値観の人が集まって「はなしあい助けあって」いる空間であると思えば、そこには当然安心感や居心地の良さもあるわけですね。その一方で「世間の目」「世間に顔向けができない」なんていう言い方からもわかる通り、バブルのなかの理念や規範、慣習などが、しがらみや制約として働く閉鎖的な空間でもあります。とはいえ、「世間」というものについて言えば、そこに人を閉じこめておけばいいと考えられていたかというと、決してそんなことはありません。例えば「女の世間」では、こんなことが語られます。

はァ、昔にゃァ世間を知らん娘は嫁にもらいてがのうての、あれは竈の前行儀しか知らんちうて、世間をしておらんとどうしても考えが狭まうなりますけにのう、わしゃ十九の年に四国をまわったことがありました。十八の年に長わずらいをして、やっと元気になったら、四国でもまわったら元気になろうってすすめられて、女の友達三人ほどで出かけた事がありました。（同前）

若林　ここは面白いところですよね。女性であっても、外の「世間」を知ることが、大きな価値とされている。

畑中　そうなんです。宮本はこうした「旅」の価値をこんなふうに書いています。

旅へ出ていき、旅の文化を身につけて来て、島の人にひけらかすのが、女たちにとっては一つのほこりなのに、その娘はたった一ヵ月で津和地から引きかえさなければならなかった。(同前)

「旅の文化」を身につけるのは「ほこり」なんですね。また、こうした旅がときに夜逃げのようなかたちで決行されていたことも書いています。父親には内緒で逃げ出すのですが、実は、あらかじめ母親とは示し合わせていて、いわば母の手引きをもって、出奔してしまうわけです。

昔は、若い娘たちはよくにげ出した。父親が何にも知らない間にたいていは母親としめしあわせて、すでに旅に出ている朋輩をたよって出ていくのである。娘たちは盆、正月になると戻って来る者が多い。その時しめしあわせておく。藩政時代には萩の城下へ行

く者が多かったが、一方船便を利用して伊予の松山へ行く者も少くなかった。(同前)

若林 ここでいう旅には、ぶらっと物見遊山に出かける旅もありつつ、行った先で綿摘みや稲刈りを手伝う長期旅行もあったと語られています。いまでいう「ワーキングホリデー」に近い。

畑中 そうやって現地で働いているうちに若い男性と仲良くなって、そのまま一緒に戻ってきて夫婦になったといった事例も語られています。いずれにせよ、ここで大事なのは、旅というものが、共同体のなかに新しい体験や情報をもたらす回路になっていたことで、そうやって刺激をもち込むことが、閉鎖し内向してしまいがちな「世間」をひらいていくものとして価値化されていたという点です。

このようなメカニズムをもつことで「世間」は、絶えず新陳代謝を繰り返してきた。それが宮本の考えで、だからこそ、宮本は否定的な意味合いが定着してしまった「世間」という言葉を肯定的かつ積極的に捉えようとしました。そうした観点がとりわけ強く出ているのが、「世間師(一・二)」の章です。

若林 はい。

畑中 「世間師」は、アイリッシュさんの英訳版で「世知に長けた者」を意味する「The Worldly」

という訳語があてられている通り、文字通り世間をあちこち遍歴して、さまざまな知識や体験談をもった人です。「世間師（二）」に登場する左近熊太翁は河内国に暮らす世間師ですが、彼は大川という名の八卦見、易者さんについて、あちこち旅して回り、その旅がどんなものであったか、こう語っています。

易者の旅は一度出ると、二年くらいはかかる。旅から旅を人に請われるままに歩いていく。よい易者だと評判がたつと、一つの宿に十日も二十日もいることになる。半分は相談相手のようなもので、身の上のことから、農業、漁業なんでもきく。大川という人は見聞がひろく、何でも書きとめているので、旅先のそうしたいろいろの話をしてやる。大ていの人が納得していく。しばらく一つの村にいると、つぎの村からきてくれということになる。金は決して沢山とらぬ。支度はどこまでもうす汚い。それで誰でも気軽に相談ができる。（同前）

若林 ちなみに、これって基本無銭旅行なんですよね。大川という人は易者としての収入源が一応ありますが、例えば「世間師（一）」の増田伊太郎は、「歌が上手で芸がたっしゃで、よく世間をしているから」、泊まることにも食べることにも、また女性にも不自由しなかった、と書かれています。

畑中 易でもなんでもいいので、なんらかの芸があれば、旅を続けることができたというのは、世間師があちこち動き回る上で大きな条件でした。「芸は身を助ける」という言葉は、実は、そうした社会環境を前提にした言葉なんですね。

その頃まで芸人たちは船賃はただであった。そのかわり船の中で芸を見せなければならなかった。昔は遊芸の徒の放浪は実に多かった。それは船がすべてただ乗りできた上に、木賃宿もたいていはただでとめたからである。だからいたって気らくであって、いわゆる食いつめる事はなかったし、また多少の遊芸の心得があれば、食いつめたら芸人になればよかった。だから「芸は身を助ける」と言われた。芸さえ知っておれば飢える事もおいてけぼりにされる事もなかった。(同前)

ただ、そうはいっても、世間師は芸人とは違って、あちこちの世間をめぐり、相談相手になってあげたりすることに矜持をもっていたというのが宮本が伝えることでして、先の易者の大川が、左近熊太翁に残したこんな言葉を書き記しています。

左近さん、世の中には困ったり苦しんだりしている人が仰山いなはる。それがわしらの言う一言二言で、救われることもあるもんや、世の中にはまた人にうちあけられん苦労を背負うてなはる人が仰山いる。ま、そういう人に親切にしてあげる人がどこぞにいなきゃァ世の中はすくわれしません。わしら表へたって働こうとは思わんが、かげでそういう人をたすけてあげんならん。（同前）

若林　いい言葉ですね。わたしも畑中さんも「編集者」という肩書きで仕事をしていますが、世間を渡り歩いて情報を仕入れては、あそこではこんなことをやっていますよ、こんな人や村もありますよと伝えていくことは、ある意味で、メディア、特に雑誌の仕事にも近いものがありますね。

畑中　『宮本常一』の刊行記念イベントで、美術家・映像作家の田中功起さんと対談したのですが、田中さんは「アーティストも世間師のようなものかもしれない」とおっしゃっていました。ただそこには、情報をそのまま正確に伝えるわけではない、「ペテン師」的なニュアンスが

含まれてもいるのですが。ちなみに、宮本は、世間師というものが、戦後になって価値を失っていくさまを、左近翁の晩年に寄せて、残念そうにこう記しています。

> この翁の知識は生きて行く上に必要なものをその時々に身につけている。そしてそれによって生きついできたのである。が最後にひろい世間を見てきた知識は、それを村がもっとも必要とする頃に翁はもう老いて村人の第一線にはたてなくなっていた。そして甲子園の躍進日本大博覧会を村人が見にいくのについて村人が案内をたのむとか、高野山参の案内をたのむとか言った風なことに、翁の広い世間を見た知識が利用せられるだけで、過去のものになっていった。（中略）
>
> 　それにしてもこの人の一生を見ていると、たしかに時代に対する敏感なものを持っていたし、世の動きに対応して生きようとした努力も大きかった。と同時にこのような時代対応や努力はこの人ばかりでなく、村人にもまた見られた。それにもかかわらず、その努力の大半が大した効果もあげず埋没して行くのである。
>
> 　明治から大正、昭和の前半にいたる間、どの村にもこのような世間師が少からずいた。それが、村をあたらしくしていくためのささやかな方向づけをしたことはみのがせない。

いずれも自ら進んでそういう役を買って出る。政府や学校が指導したものではなかった。

（同前）

世間師は、無数にある世間と世間の間を行き来しながら、情報やさまざまな価値観などを交換していく存在ですから、その意味では「社会一般」というものがあるとしたら、それを見るのに一番近い存在だったと言えますし、別の言い方をするなら、そうやって移動を繰り返しながら、情報をやり取りしていく人びとが流動している空間こそが、「公共」というものに一番近い空間だったと言えるのかもしれません。

時代を経るなかで世間師の役割が減じていった背景には、おそらくメディア環境の変化が少なからず影響していると思いますが、メディアやアーティストといった人たちが世間師の仕事を受け継いで「公共性」というものの担い手になっていったのだとするなら、「世間師」がやっていた仕事から、いま一度、その価値を基礎づけ直すこともできるのかもしれないと思ったりします。

若林　ほんとですね。「世の中には困ったり苦しんだりしている人が仰山いなはる。それがわしらの言う一言二言で、救われることもあるもんや」というのは、とりわけ出版の仕事においては大事な視点かもしれません。

畑中 先の「村の寄りあい」の話に戻りますと、『忘れられた日本人』では詳しくは言及されませんが、村の寄合に顔を出した宮本は、そこで根掘り葉掘り質問攻めにあい、あちこち自分が見聞きしてきた話を丸一日かけて話したりしています。加えて、宮本自身も「旅先で泊めてもらった家は千軒にのぼる」と語っているように、宿泊先においては無銭が基本でした。その代わり、さまざまな情報、知識、体験、経験をその民家や共同体にもたらしたことは想像に難くありません。つまり、そこにおいて宮本は一種の世間師とみなされていたということですし、宮本自身も、民俗学者という存在を世間師とみなしていたところもありました。

若林 わざわざ汚い格好で旅をすると『忘れられた日本人』の冒頭でも書いていましたが、まさに「支度はどこまでもうす汚い。それで誰でも気軽に相談ができる」を体現していたと。

畑中 その意味では、宮本自身だけでなく、宮本の父・善十郎も世間師と言っていい人物でした。彼は若くして綿屋で奉公をし、やがて自身で綿うちの商売を始め、その後も塩の行商や染物屋で奉公したり、フィジー諸島で甘藷栽培の人夫として働いたりしたほか、故郷の周防大島で養蚕や果樹栽培の技術の普及に尽力したりもしています。

8 環世界 umwelt

若林　宮本常一の生い立ちについては、『忘れられた日本人』のなかの「私の祖父」がさまざまな観点から魅力に満ちた章です。また、「世間」というものを理解する上で、極めて印象的なエピソードが登場します。素敵なエピソードなので、原文をそのまま引用させてください。

私がまだ五、六歳ごろのことであったと思う。山奥の田のほとりの小さい井戸に亀の子が一ぴきいた。私は山へいく度にのぞきこんでこの亀を見るのがたのしみだった。ところが、こんなにせまいところにいつまでもとじこめられているのはかわいそうだと思って祖父にいって井戸からあげてもらい、縄にくくって家へもってかえる事にした。家で飼うつもりであった。喜びいさんで一人でかえりかけたが、あるいているうちにだんだん亀が気の毒になった。見しらぬところへつれていったらどんなにさびしいだろうと思ったのである。そして亀をさげたまま大声でなき出した。通りあわせた女にきかれても、

「亀がかわいそうだ」とだけしかいえなかった。そしてまた山の田の方へないて歩いていった。女の人がついて来てくれた。田のほとりまで来ると祖父は私をいたわって亀をまたもとの井戸にかえしてくれた。「亀には亀の世間があるのだから、やっぱりここにおくのがよかろう」といったのをいまでもおぼえている。(『忘れられた日本人』)

畑中　世間をもっているのは、人間に限らない。

若林　ここは本当に面白いところで、動物や場合によっては植物の「世間」が、人間の多種多様な世間と隣り合っていたり、あるいは折り重なったりするというイメージは、ドイツの生物学者のヤーコプ・フォン・ユクスキュルが提唱した「環世界」という概念を思わせます。また、宮本常一の祖父は、みみずについても語っていまして、そこも個人的にはとても面白いところでした。

小さい時何かの拍子にチンコのさきがはれることがあった。すると祖父は「みみずに小便をしたな」といって、畑からみみずをほり出して、それをていねいにあらって、また畑へかえしてやった。「野っ原で小便するときにはかならず「よってござれ」といってするものぞ」とおしえられた。小学校を出る頃までは立小便をするとき、ついこの言葉が口から出たものである。それも大てい溝のようなところへする習慣がついていた。

「みみずというものは気の毒なもので眼が見えぬ。親に不孝をしたためにはだかで土の中へおいやられたがきれい好きなので小便をかけられるのが一ばんつらい。夜になってジーッとないているのは、ここにいるとしらせているのじゃ」とよくはなしてくれた。（同前）

このエピソードは、それぞれ接し合って存在している「世間＝環世界」が、うっかり互いに干渉し合うときに、どう対処するのかということを示しているように思います。ときに同じ物理空間を共有しながら併存している、よその「世間」と協調しながら共存していくにあたっての心得を、宮本常一は、ここ以外にも、それとなく何箇所かで触れているように感じました。例えば「私の祖父」の以下のようなくだりです。

世間のつきあい、あるいは世間態というようなものもあったが、はたで見ていてどうも人の邪魔をしないということが一番大事なことのようである。世間態をやかましくいったり、家格をやかましくいうのは、われわれの家よりももう一まわり上にいる、村の支

配層の中に見られるようにみえる。このことは決して私の郷里のみの現象ではないように思う。(同前)

これは、世間のなかで生きていく上での基本的な心得を語った箇所ですが、亀やみみずのエピソードにもあった通り、「邪魔をしない」ように配慮するという点で似ていると言えます。また、「対馬にて」のなかに、宮本常一が山で道に迷いかけて難儀した話をある老人にしたところ、面白い回答が返ってきたというくだりもあります。

私もそこで一息いれて、こういう山の中でまったく見通しもきかぬ道を、あるくということは容易でないという感慨をのべると、「それにはよい方法があるのだ。自分はいまここをあるいているぞという声をたてることだ」と一行の中の七十近い老人がいう。どういうように声をたてるのだときくと「歌をうたうのだ。歌をうたっておれば、同じ山の中にいる者ならその声をきく。同じ村の者なら、あれは誰だとわかる。相手も歌をうたう。歌の文句がわかるほどのところなら、おおいと声をかけておく。それだけで、相手がどの方向へ何をしに行きつつあるかぐらいはわかる。行方不明になるようなことがあっても誰かが歌声さえきいておれば、どの山中でどうなったかは想像のつくものだ」とこたえてくれる。私もなるほどと思った。（同前）

畑中　先のみみずが「ジーッ」と啼くのも言ってみれば「自分はいまここをあるいているぞ」という表明ですよね。つまり「世間／環世界」の間でのやり取りは、「邪魔をしない」が原理としてあって、それが可能になるように「自分はいまここをあるいているぞ」というフラッグを立て、その情報を絶えず交換し合うことで作動している、そんなイメージを抱かせます。「自分はいまここをあるいているぞ」という情報を歌によって交換し合い、そのことでお互いが干渉し合わないようにすることができますし、何か問題が発生したときも、それをアラートとして、状況を把握できるようになる、と。

宮本の感覚では、村のなかのコミュニケーションは、べったりと互いが干渉し合うようなものではなく、むしろ互いの邪魔にならないようにするためのコミュニケーションでもあったということですよね。それは決して強圧的なコミュニケーションではなかったし、お互いが不必要に干渉し合わないための戦略をみながもっていたという意味では、各個人やそれぞれの世間の自律性が尊重されていたとも言えそうですし、ダイバーシティやインクルージョン

といったお題を考える上でも、面白い示唆となるかもしれません。

若林 最近、人類学の領域で「マルチスピーシーズ」といった言葉がよく語られますが、宮本が書いた、亀やみみずの世間のことを最初に語ったのは実は柳田国男なんです。

柳田は『孤猿随筆』という〝動物エッセイ集〟のなかで、サルにはサルの世間がある、イノシシにはイノシシの都合があるいったことを書き、「人間が見た世界だけで動物の社会や世界が語れるのか」と問うています。動物ごとに彼らには彼らの事情があって、そこにはわたしたちのあずかり知らない歴史があるといったことを言っているんです。

畑中 面白い。

柳田は実際本当に面白い人で、鳥の声を聴き分けることができるのを自慢にしていて、鳥同士の会話の内容がわかったと言います。そうした能力というか経験から、動物たちが人間との交渉の外にも世界、世間があることを強調しています。このテーマは、柳田民俗学のなかでも、実はかなり重要なものなのです。

9 進歩 progress

畑中　先ほど触れた通り、世間師の衰退を語るにあたって、宮本は村人たちの「時代対応の努力」についても触れています。ちょっと横道にそれるかもしれませんが、こうした村人の心性を理解する上であるいは参考になるかもしれない本があります。民衆の感情史をさまざまな角度から掘り起こしたアナール学派の重鎮アラン・コルバンが書いた『知識欲の誕生――ある小さな村の講演会』という本です。

この本は、十九世紀末の中央フランスのモルトロールという小村の農民や手工業者たちが、いかに新しい時代に即した知識や道徳、あるいは公共心、愛国心といったものを学んでいったのかを、ある小学校教師が村人相手に行った講演会の記録から、史料と想像を駆使して再現しています。

宮本が最大の関心事とした、近世から近代への移行期が、西欧の庶民の間でどう受け止められたか、その体験・経験を再演した本と言えます。

若林　畑中さんに教わってわたしも読んでみましたが、とても面白い本でした。コルバンはここで、印刷術が十分に発達した十九世紀において、本というメディアが、フランスの小村において担った役割について語っています。

当時フランスには本の行商人がいて、その行商人があちこち回って販売していた書籍には宗教書のほか多くの小説が含まれていたといいます。それらの本は「宵の集い」で朗読され、あらゆる年齢層の人びとにとって理解可能なものとなっていたそうです。それが十九世紀中頃になると、宵の集いで読まれていた文学作品は、次第に「牛飼い」「蹄鉄」「家庭料理」のマニュアル本に取って代わられ、やがて行商人のビジネス自体が衰退していったといいます。コルバンは、こうした行商文学の衰退が、いかに村の集いを変えてしまったかを解説しています。

こうした田舎においては、一八七〇年代を皮切りとする行商文学の衰退と消滅は想像世界の時間領域の縮小というかたちとなって表れた。歴史上の伝説は多くの作品の舞台となっている架空の土地とともに消え去った。今やペローやオーノワ夫人の童話は幼い読者だけのものになったのだ。新たな境界線が人生の様々な年代の想像世界を区切るよう

になったのである。（中略）

同じ数十年の間に、テクストが消耗する時間も加速した。学校図書館や公開図書館における蔵書の入れ替えは年長者から先行知識の優位を奪い、語り部が発揮する才気の価値を低下させた。もはや語り部が夢中にできるのは子供だけになってしまった。両大戦間期に新聞雑誌が不十分ながらも読みたいという欲望を満たすようになる以前、この時期の大人世代の文化的空間において、唯一生活暦だけが生き残った。

行商文学の衰退と識字教育の進展は、朗読による集団的読書を有益なものではなくしてしまい、宵の集いの内容を変化させ、老人たちの言葉を貧困にした。それはとりわけ——われわれにとっては読書よりも重要なことだが——そこで交わされる議論の内容を変えてしまった。行商文学によってもたらされていた糧を失った言葉は、人々、家畜、収穫、天候に関する物事に集約される傾向にあった。モルトロールにおいてはおそらく、そのような貧困化を阻止すべく講演会が企画され、それによって他のいかなる媒体も提供することのなかった新たな対象を議論に与えようとしたのだろう。（アラン・コルバン『知識欲の誕生』）

朗読会が講演会というものに置き換えられていくのは、具体的な「世間」を生きてきた村民が、より一般的な「市民」として編成されていく流れだと理解することができるのだと思いますが、ここで重要なのは、識字教育の進展によって村の寄合的な空間・時間が衰弱していってしまったという点だと思います。

畑中　網野善彦さんは岩波文庫版『忘れられた日本人』の解説で、宮本は『忘れられた日本人』を通して「民俗学の研究の対象を「無字社会の生活と文化」と明確に規定」したと書いていますす。コルバンの本に登場するモルトロールの村人たちは、完全な無字ではなく文字は読めて、自分の名前くらいは書けるけれど、本を読んだりはしない人びとです。それはちょうど「無字社会」と「文字社会」の移行期を生きた『忘れられた日本人』の登場人物たちと共通しています。いわば「世間師（一・二）」と「文字をもつ伝承者（一・二）」をつなぐ時代、世相を扱っているといってもかまいません。

宮本常一は「無字社会」というものの特徴について『忘れられた日本人』の特に後半で何度か触れていますが、「世間師（二）」では、こんなことを書いています。

字を知らぬ人間はだまされやすかった。人のいうことは皆信じられた。平生ウソをつく者なら、「あれはウソツキだ」と信用しなくてもすむが、そのほかのことはウソでも本当と信じなければ生きて行けなかったものである。これはウソで、これは本当だというような見分けのつくものではなかった。（中略）

三人とも字を知らなかった。文字のない世界には共通したこのような間のぬけたものがあった。左近翁も若い時はこうした噂の中にだけ生きてきた。そしてそういう中にあっては人を疑っては生きて行けぬものであった。うたがうときりのないものであった。だから一度だまされると今度は何もかも信用できなくなるという。文字のない世界はそれだけにまた人間も間のぬけたような気らくさと正直さがあったが、見知らぬ世間の人はできるだけ信用しないようにした。（『忘れられた日本人』）

若林　個人的にこのくだりはとても好きなところです。ソーシャルメディアが浸透し誰もが気軽に情報発信ができるようになっていくなか、「フェイクニュース」や「誤情報」の問題が長らく問題化しています。それに対する多くの論調は「真実」というものをもって偽情報や誤情報を調伏しなくてはならないとするものですが、個人的にそれはまったく徒労ではないかと感じます。

それよりも、わたしたちの社会が、宮本常一が書いたような、ウソも本当も見分けがつかない、すべてが「噂」としてあるような、いわば中世的な無字社会に向かっていると考えたほうがいいのではないかと思ったりします。

畑中 この社会は、無字社会に向かっていると。

若林 もちろん文字がなくなって、すべての人が非識字者に戻っていくようなことはないと思うのですが、ただ、例えば絵文字やInstagramやYouTube、あるいはポッドキャストといったものに見られる映像や音声による情報の交換が、文字による情報のやり取りの優位性をどんどん低下させているという状況になっているとは感じます。ピエール・レヴィという人類学者は『ポストメディア人類学に向けて——集合的知性』という本のなかで、こんなことを言っています。

> 相互作用的なマルチメディアが明らかに提起しているのは、ロゴス中心主義の終焉という問題や、他のコミュニケーションの様式にたいして、なんらかの優位に立っている言説が格下げされるという問題である。（ピエール・レヴィ『ポストメディア人類学に向けて』）

わたしはこれを、書き文字によって規定された文明が、そこから離脱し始めるということとして理解していますが、これは逆に言えば、「真実」というものは、それが文字化・文書化されることによって担保されてきたということでもあるかと思います。そうした基盤が整備されることで近代社会は大きく発展できたのだと思いますが、デジタルメディアとインターネットの登場によって、その基盤が大きく崩れ始めているというのは、メディアの仕事をやっている身としても実際リアリティがあります。

畑中 例えばどういうところでそれを感じます？

若林 わたしはポッドキャストで音声コンテンツをつくったりもしていますが、ポッドキャストというものがなぜ、特に海外で大きな趨勢になっているのかは、いまのところあまりうまい説明がないんですね。海外の状況などを見ると、若い世代がニュースを文字で読むのではなく音声で聴くことのほうに安らぎを感じるといったことが言われたりしますが、それを踏まえて思うのは、音声言語の処理というのは、文字言語との比較では、「真実らしさ」の感覚がまったく違うのだろうということです。

話し言葉は、定着するということがないので、ふわっと漂っていきますよね。しかも、それが自分の頭のなかの声だったり、誰か別の人が語っていた別の声だったりと、重なって、

ぐにゃぐにゃと不定形な、ある意味無時間的なものとして、自分のなかに残ります。そこには、おそらく確定的な「真実」のようなものが存在しないか、もしくは、あったとしても、それは文書化された真実とはまったく異なるのだと感じます。

畑中 興味深い話です。

若林 いずれにせよ、そういったことも含めた「中世化」は着実に進行していると感じます。メディア美学者の武邑光裕さんは、わたしが編集を担当した『プライバシー・パラドックス——データ監視社会と「わたし」の再発明』という本のなかで「私たちはサイバーパンクの未来に加速されているのではなく、空想的で魔術的な前近代の過去に放り込まれている」と語っています。ゲームの世界でも、いわゆるMMORPG（大規模多人数同時参加型オンラインRPG）の多くが中世を舞台にしています。

畑中 魔法、呪術、怪物などが跋扈する、いわば民話的世界ですよね。

若林 はい。世界の中世化ということについては、ウンベルト・エーコが七〇年代に指摘したほか、国際政治学者の田中明彦さんが『新しい中世——相互依存の世界システム』という本で政治経済の観点から説明されています。いずれにせよ、中世化がロゴス中心主義からの離脱である、というのは注目すべき視点だという気がしますし、宮本常一が見た「寄合」や「世間師」

畑中　は、その観点から見ると、さらに面白くなる気がします。

「中世」という言葉は「対馬にて」にも登場しますが、宮本は、対馬への旅を明らかに中世への遡行として意識しています。「こうして道をあるいていて思ったことだが、中世以前の道はこういうものであっただろう」と。

若林　また、『忘れられた日本人』のなかで書かれた、無字社会の特徴として一番注目すべきは、「文字をもつ伝承者（二）」の以下の部分ではないかと思います。

文字に縁のうすい人たちは、自分をまもり、自分のしなければならない事は誠実にはたし、また隣人を愛し、どこかに底ぬけの明るいところを持っており、また共通して時間の観念に乏しかった。とにかく話をしても、一緒に何かをしていても区切のつくという事がすくなかった。「今何時だ」などと聞く事は絶対になかった。女の方から「飯だ」といえば「そうか」と言って食い、日が暮れれば「暗うなった」という程度である。ただ朝だけは滅法に早い。

ところが文字を知っている者はよく時計を見る。「今何時か」ときく。昼になれば台所へも声をかけて見る。すでに二十四時間を意識し、それにのって生活をし、どこかに時間にしばられた生活がはじまっている。

つぎに文字を解する者はいつも広い世間と自分の村を対比して物を見ようとしている。と同時に外から得た知識を村へ入れようとするとき皆深い責任感を持っている。それがもたらす効果のまえに悪い影響について考える。(『忘れられた日本人』)

畑中 識字教育の普及によって「想像世界の時間領域の縮小」が起きたとするアラン・コルバンとも通底する問題意識がまさに表れていますね。またこの一文を読むことで、村の寄合のもつ意味も、くっきりと立ち上がってきます。

若林 ここで語られる文字と時間の関係はとても面白いですね。例えば何かを合議する際に「議題」が設定されるのは、そこに時間の観念が作用しているからだと言えるのであれば、時間の観念の導入が、文字化を要請することになると言えそうですし、逆に文字化が進むことで「議題」が明確になり、その結果、時間が強く意識されるようになるとも言えそうです。ニワトリと卵といったところだと思いますが、文字化の進展と時間観念の発達は、いわば近代化における車の両輪と言えるのかもしれません。また、時間や文字という、いわば統一の「ものさし」が導入されることで、外の世界と対比する視点が生まれ、それによって「責任感」が生じる、というのも面白い指摘です。

畑中 この話は、宮本が「進歩」というものをどういうふうに考えていたかとも大きく関わるところかと思います。「進歩」は、民主主義的な社会においても社会主義的な社会においても重要な概念ですが、そこでは、過去から未来への時間が、ある意味単線的なものとして、一直線に描かれます。これをどう考えるのかは、宮本常一においては、とても重要な問題でした。

若林 そこはたしかに個人的に大いに気になったところです。と言いますのも、例えば「対馬にて」の「寄りあい」においても、あれだけノリノリで寄合の面白さを書いた最後の最後で、こんな一文が出てきて「あれ？」と思ったんですね。

> 対馬ではどの村にも帳箱があり、その中に申し合せ覚えが入っていた。こうして村の伝承に支えられながら自治が成り立っていたのである。このようにすべての人が体験や見聞を語り、発言する機会を持つということはたしかに村里生活を秩序あらしめ結束をかたくするために役立ったが、同時に村の前進にはいくつかの障碍を与えていた。（同前）

つまり、文章の最後で突然、寄合はいいものだけど、村の前進を阻害していると、藪から

棒に言うわけです。個人的には、この一文はいかにも取ってつけたように感じられて、宮本常一本人も、なんだかしっくりこないままいやいや書いているように読めたんです。

また、巻末の最後の二章「文字をもつ伝承者」にも似たような違和感をもちました。無字社会の価値を、文字社会が要請する単線的な進歩のなかにどう位置づけるのか、宮本常一自身の葛藤が、ここではうまく解消されぬまま表出されてしまっているといいますか。

畑中 ここは実際、どう考えるべきなのかが難しいところで、宮本常一は自叙伝『民俗学の旅』のなかで「進歩」について以下のようなことを語っています。ここは、網野さんが、『忘れられた日本人』の解説で引用している箇所でもあります。原著に戻って紹介してみます。

私は長いあいだ歩きつづけてきた。そして多くの人にあい、多くのものを見てきた。（中略）その長い道程の中で考えつづけた一つは、いったい進歩というのは何であろうか、発展というのは何であろうかということであった。すべてが進歩しているのであろうか。（中略）進歩に対する迷信が、退歩しつつあるものをも進歩と誤解し、時にはそれが人間だけでなく生きとし生けるものを絶滅にさえ向かわしめつつあるのではないかと思うことがある。

進歩のかげに退歩しつつあるものをも見定めてゆくことこそ、今われわれに課せられているもっとも重要な課題ではないかと思う。（宮本常一『民俗学の旅』）

若林

『民俗学の旅』は、宮本が亡くなる三年前、一九七八年に刊行されています。この時点では、「進歩」の号令のもと開発を進めた結果、いたるところで公害を引き起こしたことなどが社会問題化しています。七〇年代後半に、宮本がこのように「進歩」に懐疑的な目を向けていることは、ある意味当然のことだと言えますが、若林さんの疑問は、こうした感覚が、『忘れられた日本人』が書かれた時点で、どの程度意識化されていたのか、ですよね。冒頭でお話があったように、『忘れられた日本人』が左派の知識人が主宰していた『民話』というメディアに掲載されていたことを考えると、社会主義的な「進歩」というものに対してある程度同調的でなくてはならなかったとも思えますし、宮本常一自身にも、そうした思想に少なからぬ共感があったとも想像はするのですが、ただ、根本の部分で腑に落ちていない感じが、自分には感じとれました。また、渋沢敬三という、いわば国家の中枢にいた人物が宮本常一の活動のパトロンであったことから、国家の進歩・発展——要は生産力の向上——というアジェンダに民俗学を紐づけなくてはならない、という思いを重荷として背負っていた、といったこともあるのかなと勝手に想像したりもしました。

畑中　まず、渋沢敬三という人との関わりについてお話ししますと、ここには両面あったようにわたしは考えています。

渋沢敬三は、言うまでもなく日本経済の礎をつくった渋沢栄一の孫に当たる人物ですが、のちに日銀総裁や大蔵大臣を務めたという意味では、まさに国家政策の主流にいた権力者です。とはいえ、渋沢は、宮本にことあるごとに「傍流たれ」とも語っていました。渋沢は、かっこつけてそう言っていたわけではなく、本人自身が、本当は国家の中枢になんか入るつもりはなく、傍流で動物学を学んで生きていたいと思っていたというんですね。言ってみれば「さかなクン」みたいな人生を歩みたかったのが本心だったと言われています。

それが、祖父・栄一の懇願で、旧制第二高等学校（東北大学の前身）の英法科に入らされて、結局東京帝国大学の経済学部に進むことになる。それでも、本人としては動物学、なかでも魚類の研究をしたかったという思いはなくならず、単に生物学的な観点からではなく、日本人が魚とどういうふうに付き合ってきたか、どういうふうにそれを釣ってきたか、食べてきたかといったことに大きな関心を寄せ続けていました。その思いが「アチック・ミューゼアム」という一種のリサーチ機関の発足へとつながります。

宮本常一は、そこに研究員として参加し、そこから海洋民族としての日本人の姿に目を向けることになるのですが、これは、柳田国男の民俗学が農耕社会を中心に日本を見ていたことに対する一種のアンチテーゼでもあったんですね。ちなみに柳田国男は、元々農商務省の官僚ですから、彼の初期の研究の基盤には、もちろん「富国」を旗印とする国策が存在していました。もちろん、渋沢敬三にも、日本を豊かにするという大きな目標はあったと思いますが、彼は、それを考えるにあたっても、それまでのメインストリームとは異なる、いわば周縁的でオルタナティブな場所において検討されるべきだと考えていました。その渋沢の意を受けた宮本は、顧みられることのない周縁を見ることを最初から求められていたという意味では、かなりユニークなポジションにいたと言えます。

若林 グレーバーの『民主主義の非西洋起源について』のひとつの重要な論点は、本当の意味での民主主義は「国家」というものの外にしか存在しないとしている点です。渋沢敬三の視点は、国家の中枢にありつつも、国家の外をまなざす、ある意味、矛盾を孕んだものだったということですね。

畑中 宮本が抱えていた「進歩」をめぐるジレンマは、その意味では、渋沢敬三が抱えていたジレンマだったと言えるのかもしれません。

10 実験 experiment

若林　そうした渋沢敬三のビジョンを引き受けるにあたって、それまでの民俗学が、民衆や民族の「心」に焦点を当てようとしたのに対して、宮本常一は、例えば「道具」のようなものに焦点を当て、その素材がどこから調達されてきて、それが誰によってどう使われ、その技術がさらにどう伝播したかといった、いわば「アクターズ・ネットワーク」的とも言えそうな観点から考察することに自身の立脚点を見出したと、畑中さんは『宮本常一』のなかで書かれています。

畑中　宮本には民俗というものを一種の技術の集積として見ようという視点があったんですね。彼の民具研究は、ほとんど産業史・地域経済史にまで広がっていくような射程をもっていました。また、そうした道具の研究から得た視点は、例えば、ここまでお話ししてきた村の寄合や年齢階梯制といった仕組みを理解するにあたっても敷衍されています。宮本は、そうした仕組みやシステムを、道具と同じく一種の「技術」として捉えていたと見ることもできるかと思います。

若林　宮本常一が「技術」というものをどういうものとして捉えていたかは、宮本常一における「進歩をめぐるジレンマ」を理解する上でも重要な論点ですよね。「技術」に「進歩」という観念が掛け合わされると「技術革新」という言葉になるわけですが、そうなった瞬間、それは即「生産性向上」という目的に紐づけられてしまいます。宮本常一が道具に向けたまなざしは、そうではないかたちで「技術」というものを取り扱うことはいかに可能か、と問うものだったとも言えそうです。

畑中　ここは、文字や時間といった技術が入ってきたことによって、例えば「村の寄りあい」のような議題のないコミュニケーション技術が廃れていってしまったという、先ほどの話とも関わるところですよね。宮本は、「技術」というものを、生産性の向上といった合理的な目的に単純に紐づくものではないと考えていたのはたしかだと思いますし、近代以前の「技術」を掘り起こすことが、そのまま「技術革新」のヒントになるとも考えていなかったように思います。

　とはいえ、宮本は、やはり農村が豊かになることをずっと願ってはいます。宮本常一にとって最も重要な問題意識のひとつは、貧しさからいかに脱却するかということでした。その意味では、柳田国男の語った「経世済民」と近いところもあります。農民や漁民の貧しさを、どのように克服するかということが一番大きなテーマでした。
　ただ、そうしたテーマはもっていながらも宮本が複雑なのは、それを左翼的、あるいはマルクス主義的な観点から実践することに対して少なからぬ反感をもっていた点です。

若林　反感というほど強いものだったんですか。

畑中　戦後のいわゆる「転向研究」において政治史家の藤田省三は、宮本常一の戦前の仕事は「消極的翼賛だった」と指弾していますが、宮本は、急進的進歩というものに対して、かなり懐疑的でした。
　これは宮本の個人的な体験に強く根ざした懐疑です。というのも彼は地方出身の秀才たちが、お金がないなかで働きながら勉学に励んでいるうちに、社会主義にかぶれてどこかへ行ってしまうのをさんざん横で見てきたからです。彼らを勉強へと駆り立てていたのは、自分たちが頑張って自分の村を少しでも豊かにしなきゃいけないという思いでした。それが、社会主義のようなイデオロギーを通して社会構造の変革という急進的な行動へと導かれていってしまったわけですね。

若林　なるほど。

畑中　このことについて、宮本は自身が編集を担当した『日本残酷物語』の第七巻に収録された「貧しき秀才たち」という文章で書いています。この第七巻は「現代編２」と銘打たれていることからもわかる通り、「現代の残酷物語」を集めたもので、石牟礼道子さんが水俣病とチッソについて書いた文章が収録されていたりするものです。この「和泉の国の青春」「貧しき秀才たち」「逓信講習所」などの文章は、そのなかでも、かなり異色の内容でして、宮本常一が書いた文章ではあるものの無署名で、田舎から出てきた秀才たちのひとり語りがかなり唐突に語られます。ちなみにこの文章は現在、八坂書房から刊行されている『和泉の国の青春』で読むことができます。こんな文章です。

……三十人ほどの生徒はいずれも田舎者ばかりで、あい似たまずしい農家の出身であった。そこにすぐ通じあうものがあって、わずかの間にたがいの身の上をくわしく知るようになった。いずれも重い荷を背負っていた。卒業すれば一家の家計をささえなければならぬもの、両親のないもの、片親のないものなどいろいろであった。がいずれも小学校時代には秀才で、先生たちから、ここへくれば金がなくても勉強できるからとすすめられてきたものが多かった。それにしてもこの秀才たちには、才気ばしったものは一人もいなかった。みな気が弱く、愚直であった。そういう少年たちが寄宿舎にはいって共同生活をしながらよく勉強した。（宮本常一「逓信講習所」『和泉の国の青春』）

宮本自身もそうであった「貧しき秀才たち」は、自分の村なりを豊かにしたいという思いをもって学校に行きます。貧乏で学費がないから、逓信講習所で学んで、郵便局に勤めるわけです。そうやってさまざまな本を読んでいるうちに、社会主義に傾倒していく。あるいは、別の道筋として、軍人になったりします。学費がないので、軍人養成所に行く。それはお国のためにもなるし、故郷に錦を飾ることにもなる。でも、彼らは軍のなかでは決して出世できません。そして、上のほうにいる人びとがとんでもなく腐敗していることに気づく。そして、五・一五事件のようなクーデターを起こすことになります。

極端に言えば、社会主義者になるか、国粋主義者としてクーデターを起こすかの、ふたつの道しかない若者たちの身にふりかかった「残酷」を、宮本は「貧しき秀才たち」のなかで描いたわけです。

そして、当の宮本は、そのどちらにも与したくないわけです。結果、もっと穏当なかたちで、村の暮らしを良くするにはどうしたらいいのかを考えるようになり、「貧しき秀才たち」

とは別の道を模索することになる。宮本は、その意味では、最も臆病な立ち位置に身を置くんですね。

若林 興味深いです。

畑中 言うまでもなく宮本自身が、まさに「貧しき秀才たち」のひとりでした。その彼が青年時代にもっとも感化されたのは、ロシアの革命家・政治思想家、ピョートル・クロポトキンの『相互扶助論』でした。であればこそ、彼はなおさら、マルクス的な唯物史観やソーシャル・ダーウィニズムに代表されるような「進歩」には、青年時代から懐疑的だっただろうと考えられます。

宮本はクロポトキンに魅せられた理由を、『民俗学のすすめ』という共著のエピローグでこんなふうに書いています。

> 私は貧しい農家に生まれた。その私が民俗学というよりもむしろ民俗調査に興をおぼえ、自分の生きている時間のうち、もっとも多くの時間をそのことにあてるようになったのは、いろいろ考えてみて、クロポトキンの『相互扶助論』が大きい影響を与えているように思う。（中略）世の中の生きとし生けるものはすべて生存競争を行なっている。弱肉

強食なのだという考え方が私の幼少時代にはまだ世間には強い風潮として存在していた。そして立身出世主義が若い人々をかりたてていた。もちろん、今、そのような風潮が消え去ってはいないが、かつてはそれがいっそう熾烈であった。

ところが、『相互扶助論』ではその弱肉の仲間が力をあわせつつ強者に対抗して生きぬいている姿がきわめて印象的に描かれている。私も弱肉の一人であっただけに強い感銘をおぼえて読んだものであろう。そしてそのような現象はわれわれの周囲にも無数にあるではないか、あるいは下層民の社会のすべてがそうした互助的な結合によって生活を支えているのではないかと思った。（宮本常一「民衆の歴史を求めて」『民俗学のすすめ』）

クロポトキンは、教科書的にいえば、自然界、先住民や初期ヨーロッパの社会、中世の自由都市のギルド、十九世紀後半の村落などに目を向けて、そうした場で相互扶助が生存と繁栄に重要な役割を果たしたと論じたということになりますが、宮本常一にとっては、自身が実際に育ち、その後見聞してまわった日本の村落の姿は、マルクス的な階級闘争の空間であるよりも、クロポトキン的な相互扶助の空間として捉えたほうがしっくりくる感覚があったのだろうと想像します。

学者たちは階層分化をやかましくいう。それも事実であろう。しかし一方では平均運動もおこっている。全国をあるいてみての感想では地域的には階層分化と同じくらいの比重をしめているると思われるが、この方は問題にしようとする人がいない。(『忘れられた日本人』)

若林　若林さんが2章で引用されていた、このくだりは、こうした宮本のスタンスを踏まえて読むと、よりよく趣旨がわかるのではないかと思います。

クロポトキンの『相互扶助論』は「共存の哲学」といった言い方でいま改めて注目されていますが、そこにおいて気になるのは、そうした「共助」の空間において、時間、あるいは歴史というものがどういうものとして感知されているのか、ということです。つまり、そこにあるのが「よりよき未来」というものに向かって単線的に流れていく時間ではないのだとすると、それはどういう時間としてイメージされうるのか、ということです。

畑中　クロポトキンがそのことをどう考えていたかは、わたしは定かではないのですが、宮本が村というものの歴史を考える上でとても重要だと考え、口を酸っぱくして語っていたのは、村落共同体の歴史は「失敗の繰り返しなんだ」ということです。

「世間師」の話題でも出ましたが、「あそこではこういうことをやってうまくいった」といった話を世間師がもってきたとしても、当たり前ですが全部が全部うまくいくわけではない。むしろ、ひとつの成功の裏には、そこにいたるまでの試行錯誤が死屍累々になっています。実際、宮本のお父さんが養蚕がいいと奨めて、実際に導入したもののうまくいかなかったといった〝失敗史〟も宮本の念頭には常にあったはずです。

若林 歴史というものは、それ自体、成功して勝ち残ったものだけが記録として残っていくところがありますし、それだけを取り出すと、社会が直線的に進化しているようにも見えます。成功事例をつないだ線のなかになんらかのモデルを見出して、それを未来に向けてレールとして敷設するのが「進歩」という観念であるならば、宮本常一の村はまるで真逆ですね。効率的に「成功」を導き出すモデルなんか存在しないし、そこに歴史というものがあるとすれば、それは絶え間ない失敗の繰り返しでしかないということですね。

畑中 実際の現場で起きていることは試行錯誤の絶え間ない繰り返しなんですよね。

若林 先にグレーバーの「完全な異文化間の実験空間」という言葉を紹介しましたが、宮本常一的な村落は、まさに「即興の実験空間」だったと。

畑中 「名倉談義」には、まさにこうした「実験」によって村が良くなっていくさまが描かれたエピソードがあります。

働く働くと申しましても、ただ牛や馬のように働くのはだめで……。この村ではみな仲よく働きましたが、もとはただ働くだけのことでありました。どういうものか、この村にはオイコ（背負子）のある家は私の家のほかに二、三軒しかありませんでした。オイコを持たずに百姓するのはおかしいようだが、百姓家には大工道具というものがない。金といえば鍋釜に庖丁、鍬、鎌くらいのもの、鋸や鉋やのみをもっている者はありません。その上近くに大工がなければオイコをつくってもらうこともできません。それである者のところへかりにいく。私の家にはオイコが二十近くもある。ところが、こわれたらこわれたままでかえす。こちらもたまったもんでありません。そこで私の親父が、「オイコを借るのもいい加減にせえ、自分の家でつくったらよかろうに、大工をたのまなくても、自分で工夫すればいい」と文句言いましたら、それですっかり村中がつくりましたなア。そういうもんでありましょう。ところが一軒一軒でオイコを持つと、みなよく働くようになりましたなァ。（『忘れられた日本人』）

若林　要は「やってみた」ということですよね。

畑中　どうなるかわからないけれども「やってみる」と。

若林　政治学者の宇野重規さんは、そうした「やってみた」を基盤に置いた考え方を、アメリカ発祥の「プラグマティズム」という思想に紐づけて論じています。宇野さんは、プラグマティズムの根底にある考え方を、『民主主義のつくり方』のなかで、こう規定しています。

人間は考えがあるから行動するのではなく、行動する必要があるから考えをもつと彼らは説いた。（中略）プラグマティストたちは、ある理念がそれ自体として真理であるかどうかには、ほとんど関心をもたなかった。というよりも、それを真理であると証明することは不可能であると考えていた。そうだとすれば、ある理念に基づいて行動し、その結果、期待された結果が得られたならば、さしあたりそれを真理と呼んでもかまわない。彼らはそのように主張したのである。（中略）

さらにいえば、民主主義そのものが実験であり、実験の本性上、つまずくこともありえる。人民の単一の意志の優越という民主主義モデルから、実験としての民主主義モデルへの転換が、ここにはみられる。（宇野重規『民主主義のつくり方』）

また、宇野さんは、こうした「やってみた」の繰り返しによって「理念」が社会化されていくプロセスにおいて、プラグマティストたちが「習慣」というものを重視したとも語っています。

プラグマティストたちが強調したのは、理念や思想といったものが、あくまで社会的なものだということである。この点について、プラグマティストたちは、唯物論と観念論の両者を批判する。

まず、すべての理念を個人に属するものと考え、人間と人間の間に介在するものとして捉えなかったのが、唯物論の誤りである。このように論じたプラグマティストたちにとって、理念は個人的なものでも、内面的なものでもなかった。普通の諸個人の間に広く共有されることで、理念ははじめて社会的なものとなる。

それでは、理念はどのようにして社会的になるのか。プラグマティストたちが重視したのが習慣である。人々は行動の必要にかられて判断し、事後的にその根拠を探る。そのような行動が繰り返され、やがてパターン化していくことで習慣が形成される。

もちろん、習慣といっても、人々が正確に同じ行動をするわけではない。人間をめぐる状況はつねに異なり、したがって行動も完全に同一なわけではない。とはいえ、多様な経験を繰り返すことで、人々は習慣を形成し、そのような習慣は最終的には一つの規範の周辺に集まってくる。多くの人が納得し、意味があると思う習慣のみが生き残っていくからである。(中略)

とはいえ、習慣は時間のなかで変化しないわけではない。たしかに、一定の繰り返しを通じて定着した習慣は、個人から個人へ、集団から集団へと共有され、継承されていく。一人ひとりの個人はそれと意識することなく、習慣を受け継いでいくのである。にもかかわらず、習慣は時間のなかで間違いなく変化していく。(中略)

逆にいえば、新たな習慣をつくり出すことによって、社会はつねに更新されていく可能性がある。(同前)

畑中　この宇野さんの議論を、やや強引に宮本常一の「村の寄りあい」に引き寄せますと、まず「村の寄りあい」における議論が、意見や理念をぶつけ合うものではなく、どちらかというと個人や村の過去の「体験」を共有し合うものだという話と関わりそうです。これは、プラグマティズム的に言いますと、死屍累々の「実験」の結果を改めて確認し合うということだと言えるのかもしれません。
また、そうした「知識の交換」から導き出された結果としての村全体の総意を、宮本は「子供をさがす」のなかで「村の意志」という言葉を使って語っていますが、これも、ルソー的な意味での「人民の単一の意志」のようなものとして理解するよりも、「さしあたって採用された習慣」のようなものとして考えることのほうが、たしかにしっくりくるところがありそうです。

若林

わたしが「土佐源氏」の章のなかでとりわけ面白く感じたのは、彼の「百姓」観でした。彼は一種の極道もので、馬喰とは言いながら、ぐうたらな百姓が育てた牛を、よく稼ぐ百姓のところへもっていき、半ばだますような格好で売りつけたりします。彼はそれが首尾良く成功することをして、「うそがまことで通る世の中があるもんじゃ」と嘯くのですが、その後すぐにこう付け加えます。

> そりゃのう、根っからわるい牛は持って行けん。十が十までうそのつけるもんじゃァない。まァうそが勝つといっても三分のまことはある。それを百姓が、八分九分のまことにしてくれる。それでうそつきも世がわたれたのじゃ。（『忘れられた日本人』）

また、百姓について、こうも語っています。

「この牛はええ牛じゃ」いうておいて来る。そうしてものの半年もたっていって見ると、百姓というものはそのわるい牛をちゃんとええ牛にしておる。そりゃええ百姓ちうもんは神さまのようなもんで、石ころでも自分の力で金にかえよる。そういう者から見れば、わしら人間のかすじゃ。（同前）

畑中 ある庄屋の「おかた」（奥さん）に手をつけるくだりは、この章のハイライトでもありますが、彼は、そのお方さまを「観音様のような人」とあがめ、「わしはええ子になりたいと思わだった」と語ります。土佐源氏をしてそうまで言わしめたのは、そもそもの素地として「百姓」というものを、彼が「神さまのようなもん」だと感じていたことがある、ということですね。面白い指摘です。

若林 そこで自分が思ったのは、百姓が生きる空間というのは、例えばこの世の良識や見識だったり、あるいはさまざまな知識だったりが習慣として結晶化された、ある意味「公共的価値」を体現した空間として、アウトサイダーであるところの土佐源氏には見えていたのではない

畑中　かということです。あるいは、土佐源氏はそこに「社会そのもの」を見ていたと言いますか。寄合のような制度を通して、さまざまな世間のさまざまな知見や規範、あるいは技術・制度といったものが、習慣化というプロセスのなかで均され、統合されていった状態を「百姓」という言葉が体現していると。

若林　「石ころでも自分の力で金にかえよる」というのは、どう考えても、かなりの褒め言葉ですし、「神さまのようなもん」だというのは、相当ですよね。あるいは「文字をもつ伝承者（一）」には、こんな言葉も出てきます。

あの人はね、えらい人だよ。自分の学問をちっとも鼻にかけていないだろう。田舎をあるくと、多少とも学問のあるものはそれを鼻にかけて尊大ぶるものだがあの人にはすこしもそれがない。ボスではないね、ほんとの百姓だよ。（同前）

畑中　ここでも、ほとんど「理想的な市民」の意味で「百姓」の語が使われているように感じました。百姓という言葉は、ある時期までは、一元的に「農民」を指し示すものとして理解されていましたが、それが歴史学や民俗学などの見地から、単に農業生産に従事するものという意味ではなく、もっと多様な生業をもった多様性を含んだ言葉だという指摘がなされ、言葉の理解がかなり拡張されてきました。けれども、若林さんの指摘は、土佐源氏が語る「百姓」は、神様に比肩するほどの大きな概念で、そこには、ほとんど「社会一般」という観念に近しいような感覚すらあったのではないか、ということですね。

若林 はい。もちろんただの感想ではありますが。ただ、プラグマティズムの観点から、村落の生活空間を、絶えざる実験を繰り返しながら、絶えず新たな習慣が生成されていく場であると捉えてみると、そのダイナミズムを生み出している主体である「百姓」が、単なる生産主体を超えたもっと広い価値を含んだ存在として感じられてもきます。それをいま言ってみたところで、だから何だ、という話にしかならないとも思いますが。

畑中 宮本にとっての民俗学は、そういう意味でも、やっぱり、これから向かうべき未来を提示したりするようなものではないように感じます。というのも、宮本は民俗学と並行して、例えば民衆史を通して歴史学のほうにもアプローチしますが、そこで、ある種の齟齬を引き起こすことになるからです。

宮本は晩年に、統一的な日本文化の形成史を書き上げることに取り組みますが、そうした通史的なもののなかに、自分が面白くて調べた村落の、言うなれば「失敗の歴史」をどう織

り込むかについては、あまりうまく折り合いがつけられなかったようにも見えます。
宮本は、クロポトキンのことを書いた文章の前後で、彼が逓信講習所に通っていた頃や郵便局員だった時代に、大阪の街をあちこち歩いてまわったことを書いています。例えば、長柄橋というところに行ってみたりしますが、ここは言ってみればスラムなんですね。そういうところに行って、さまざまな人と会って話すのですが、宮本にとっては、そうやって見知らぬ人の話を聞くことは全然苦じゃないわけです。

その頃、大阪の大きな橋の下には乞食の集落があった。橋の下に筵で小屋掛けをして大ぜいの人が住んでいた。(中略)そこへいって話など聞いたこともあった。橋の下の住民からいろいろ話を聞くようになるのは、それから二年ほどたって、和泉の農村に住むようになってからである。そうした人たちの生活にとくに興味をおぼえたわけではなく、歩いているうちにそうした人びとに出あい、また話をする機会を持った。そしてその人たちを不潔とも無知とも思わなかった。(宮本常一『民俗学の旅』)

そういう場所で出会う人びとはみな非常に貧しくて、自分から見てもひどく貧しい服を着て、物乞いみたいなことをして生計を立てていたとしても、その人たちにはその人たちの世間があり、そのなかでのルールがあり、その人たちなりの充実した社会があることを宮本は感じるんですね。

そして宮本は、社会構造の変革や革命によって社会を豊かにし、こうした人びとも豊かにしていこうといった考えを、ほとんどもたないんです。

先ほどの宇野さんの議論で言えば、世の中そのものをごそっと根こそぎ変えずとも、日々の暮らしのなかで、人びとがさまざまな工夫を重ね、それが新しい習慣となって定着していくなかで、変化は絶えず起きている、という感覚だったんでしょうか。

若林

ちょっと関係あるかどうか自信はないのですが、プラグマティズムとのからみで、この間鶴見和子さんがプラグマティズムの始祖のひとりであるジョン・デューイについて論じた『デューイ・こらいどすこおぷ』という本を読んでいたら、こんなことが書かれていました。

デューイは、民主主義に、二つのイミをもたせる。第一は、目的としての民主主義である。それは、「すべての個人のエネルギーの最大限度の解放を保証するような社会的条件をつくること」である。第二は、手段としての民主主義である。それは、人間の考えと行動の習慣として理解される。デューイが、もっとも関心を注いでいるのは目的としての民主主義を実現すべき、方法としての民主主義の解明である。（鶴見和子『デューイ・こらいどすこおぷ』）

畑中　宮本常一をデューイと比べて語るのは、あまりに唐突だとも思うのですが、宮本常一は、目的としての民主主義というものよりも、どちらかというと「手段としての民主主義」あるいは「方法としての民主主義」という点に関心があったのではないかと思ったりします。そうなのかもしれません。その手段や方法を、大文字の「民主主義」や「進歩」「発展」といった概念に結びつけないやり方で、どうやって現代社会において積極的に語ることができるのか。ここは実際、宮本が終生悩み抜いたことでもありました。

11 道具 tools

畑中　わたしは、宮本の民俗学はある種の「技術史」なのだということを折に触れて語っていますが、それはひとつには「民藝運動」との対比としての意味合いがあります。

民藝運動を主導した柳宗悦は、「民藝」を「規範学」だと語っています。彼らは「用の美」といったことを語りますが、実際のところ、「これは美しい」「これは正しい」ということを、彼らの運動の前提にし、方法や思想の基盤にしていました。

柳田国男と柳宗悦とが、雑誌『民藝』誌上で行った対談のなかで、柳宗悦は、民藝が「規範学」なら、民俗学は「経験学」だと定義するのですが、民俗学が「経験学」であるというのは、たしかに言い得て妙です。民俗学というものを「経験学」と呼ぶなら、それを果敢に推し進めたのが、まさに宮本常一だったということができそうで、宮本は、ひとつひとつの民具のなかに、それをつくるにいたった困難や工夫、つまりは人びとの、まさに「経験」あるいは「実験」の痕跡を見ようとしました。

そうした「実験」が封じこめられた物的証拠として「民具」というものを捉え、「実験」の集積をそこに読み込むための拠点とすべく渋沢敬三は「アチック・ミューゼアム」を立ち上げ、郷土の民具を収集することを始めたわけです。ところがその意義は次第に薄れていき、「民具」はやがて郷土アイデンティティのよすがとか、失われた技術の保存といった意味合いが強くなっていってしまいました。柳田は民俗学を「実験の史学」とも言っているのですが、そうした観点からすると、近代化が起きた後でも、例えば農村で近代的な道具のなかにどのような「経験」が織り込まれているのかを見ることもできたはずですが、そういうふうには発展せず、民俗学は昔のことを扱うものとなってしまいました。本来であれば、トラクターや軽トラックのなかに、プラグマティズムで言うところの「実験」の織り重なりを見るといったことが民俗学においては必要だったように思います。

若林　ランドスケープデザインを専門とされている石川初さんは、『思考としてのランドスケープ　地上学への誘い——歩くこと、見つけること、育てること』という本のなかで、四国の中山間地域の農家の人たちが、いかに近代的な道具を自分たちの環境に適応させるかたちで「ハック」しているかを詳細に論じています。石川さんは、そうした自発的で即興的な工作を行う老人たちを、敬意を込めて「FAB-G」と呼んでいます。

例えば、鋤や鍬といったものは、近代以前の時代、すべてが個々の村人たちが扱う農地や山に対してカスタマイズされたものだったわけですよね。タケノコを山の斜面から掘り出すことひとつをとっても、村人が入る山の斜面の角度はそれぞれ異なっていますので、鍛冶師がそれぞれの村人本人の身体と山の斜面に合わせる格好で、柄と刃の角度を微妙に変えて仕上げていたといいます。

ところが大量生産を旨とした工業社会では、本当ならば微妙にまちまちだったはずのものを平均化・平準化して規格化していくこととなります。こうしたプロセスは、すべての土地や斜面の固有性というものを極度に抽象化し、平均値というフィクションのなかに回収してしまいますが、それが結果としてもたらすのは、平均化された鍬や鋤は、現実のどの斜面、それを使う誰の身体にもフィットしないということです。要は、規格品の鍬や鋤は、どの斜面においても「微妙に使いづらい」わけですね。であればこそ、山の人びとは、そこに手近なものを使ってちょっとしたひと工夫、ハックを施すことで、それぞれに固有な環境に対して最適にフィットする「角度」を探りあてることを日々の営みのなかに組み込んでいくことになります。

石川さんの語る「FAB-G」は、それを現代の環境のなかで行っている人たちで、そこではビニールテープやプラスチックのバケツといった身の回りにある大量生産品が臨機応変かつ即興的に使われているのですが、いまの畑中さんのお話に即していえば、宮本常一が語ろうとした「道具」や「民具」は、そのモノ自体ではなく、環境に応じて、即応的にモノに働きかける、その態度そのものを指し示していたのかな、とも思えてきます。

畑中 そのあたりのことは、若林さんが好きなイヴァン・イリイチが語る道具論とも関わってきませんか。

若林 いわゆる「コンヴィヴィアリティのための道具」ですよね。

畑中 そうですね。

若林 イリイチのいう「コンヴィヴィアリティのための道具」は、おっしゃる通り、まさに「環境にどう適応するか」をめぐる議論だとわたしは理解しています。「コンヴィヴィアリティ」の語は、「自立共生」といった訳語があてられますが、元々は「ともに活気づく」といった意味で、お酒が入ってみんなで盛り上がるといった感じの、わりと下世話なニュアンスが含まれていると言います。

イリイチの道具論は、十二世紀のフランスの修道僧サン・ヴィクトルのユーグが展開した道具論が下敷きになっています。このユーグが語ったのは、人間はエデンの園を追われたことで、楽園との一体性を喪失し、欠如を抱えることになったということでした。そして、その失われた一体性を回復するために「道具」というものがあるとユーグは考えたといいます。

イリイチは、そのユーグの議論を、「生態学＝エコロジー」が語られ始めた一九七〇年代を背景にしながら、「楽園」を「自然」と読み換えることで、自然を簒奪することなく適応的かつ自律的／自立的に人が生きていくことを可能にする道具を「コンヴィヴィアリティのための道具」と呼んだというのがわたしの理解です。

畑中 自然、あるいはローカルな環境と人とを橋渡しするための道具。

若林 ここでイリイチが重要視しているのは、ユーグという人が、科学というものを「それにかかわる人々の弱さを治癒する方法」として理解しようとしたことです。イリイチは『シャドウ・ワーク』という本のなかで、ユーグを「技芸（arts）とサイエンスの発明を、人間というものにおけるある種の欠如と結びつけた最初の人であった」と評価しています。けれども、それ以後の科学、技術、あるいは科学技術の発展は、そうした観点を決定的に失い、それが「欠如」ではなく、むしろ「力」や「強さ」にばかり紐づけられてきたというのがイリイチの主張なのかと思います。

畑中 人間の弱さから道具を考えるというのは面白い視点ですね。そこには、たしかに直線的な「進

 道具 治癒 欠如

歩」とは真逆のベクトルから「道具」を考え直す契機がありそうです。

近代化が掲げる「進歩」という趨勢のなかで、それに回収されないものは「不合理」なものとみなされ切り捨てられていくこととなりますが、柳田国男や折口信夫は、切り捨てられていくそうした不合理の代表的なものとして、例えば「霊魂」や「妖怪」のようなものを捉え、そこに強い関心を寄せました。

その一方で、宮本が、道具というものに関心を寄せたのは、近代社会から見たら「不合理」に見えたとしても、そこには、それぞれの土地に暮らしてきた人びとの経験から導き出された、もっと広い意味での合理性が存在するという観点からだったのだと思います。

若林 それぞれの「自然」のなかに、それぞれに違ったローカルな合理性があるということですね。

畑中 このことは、先ほど話題に上がった「文字をもつ伝承者」のふたつの章と深く関わっているところだろうと思います。ここは、なかなか悩ましいところでして、いくらローカルにはローカルの合理性があると押し返してみても、大文字の近代化に、それを接続することは実際には困難な場合があります。

若林 「世間師」のところでも見たように、近代化は、村落における子どもや年寄りのあり方を、根こそぎ変えてしまいます。そうした大枠の建て付けが変わってしまうことで、そこで語られてきたコンテンツの意味が変わってしまい、場合によっては意味をなさなくなってしまいます。

そうしたなか、文字によって、せめてコンテンツだけでも救出しようという営為が「伝承」ということになるのだと思いますが、「伝承」の容れ物が変わってしまったなかで、中身＝コンテンツの部分だけを取り出して、そこに解釈を加えながらなんとか近代生活に接続しようとするのは、そもそもが無理筋とも思えるところがあります。

宮本常一は「文字をもつ伝承者（二）」で、こうした経緯の困難をこうまとめています。

……土に生き、土を溺愛した者の声をきく事ができる。このような切実な気持が、村のすぐれた進歩的な指導者でありつつ、一方では伝承者としてばかりでなく、村を光栄あるものとして子孫たちにうけつがせようと努力させたのである。しかも文字を持つ事によって、光栄ある村たらしめるために父祖から伝えられ、また自分たちの体験を通して得た知識の外に、文字を通して、自分たちの外側にある世界を理解しそれをできるだけ素直な形で村の中へうけ入れようとする、あたらしいタイプの伝承者が誕生していった。が、明治二十年前に生れた人々には、まだ古い伝承に新しい解釈を加えようとする意欲はそれほどつよくはなく、伝承は伝承、実践は実践と区別されるものがあった。
それが明治二十年以後に生れた人々になると、古い伝承に自分の解釈が加わって来はじめる。そして現実に考えて不合理だと思われるものの否定がおこって来る。（『忘れられた日本人』）

ここでの困難は、まず近代化の初期の段階で、「伝承は伝承」「実践は実践」と、それぞれを切り離さざるを得なかったところにあるように思います。それが困難だというのは、伝承として残っている話は、本来的には、それをどういう空間・時間のなかで、誰が、どのように語るのかという実践と不可分だったはずだからです。

畑中　伝承を伝承としてコンテンツ化して、それを実践になんとか接続できないかという努力は、宮本がここで語った通り、むしろ伝承の「不合理」性を際立たせるばかりになってしまうわけですね。

若林　アラン・コルバンの『知識欲の誕生』から先ほど引用した一節は、まさに「伝承」の困難を端的に伝えています。

学校図書館や公開図書館における蔵書の入れ替えは年長者から先行知識の優位を奪い、語り部が発揮する才気の価値を低下させた。もはや語り部が夢中にできるのは子供だけになってしまった。（アラン・コルバン『知識欲の誕生』）

「語り部が夢中にできるのは子供だけになってしまった」は、なかでもとりわけ胸が痛む一節です。

12 伝承 lore

畑中　宮本は、自分自身を、ある意味での「世間師」だと考えていましたし、当然文字の読み書きができますから、「文字をもつ伝承者」の問題は、ほかならぬ自分自身の問題でもありました。だからこそ、宮本は、伝承をどう文字化し、どう伝えることで、それを単なる昔話としてではなく再び「実践」に結びつけることができるのかを、深く考えていたと言えるかと思います。

若林　実際、『忘れられた日本人』という本は章ごとに文体がまちまちで、聞き書きもあれば、ルポルタージュもあれば、エッセイもあるといったふうに、「文字化」の方法について、宮本がいかに意識的かつ戦略的であったかを物語っています。

ほんとですね。文体もそうですし、話題の提出の仕方も、例えば「女の世間」で、いかに土佐の国が恐ろしいところかが語られた直後に、「土佐源氏」の口から土佐の盗人宿のことが語られたりと、ある話題が別の章と響き合うような格好になっているのは、非常に戦略的な判断からなのだろうという印象を受けました。それはあたかも、実際の村の寄合で蛇行しながら進んでいく対話のありようを、本のなかで再現しようという意図でもあるように感じられました。実際、本全体としての読み味は、まるで、どこの空間ともわからない、いつの時代かもさだかではない架空の村を、覗き見ているような気分なんですよね。

畑中 全然関係ない話ですが、わたしは『忘れられた日本人』を読んで、ザ・バンドというカナダ出身のロックバンドの音楽を思い出しました。ザ・バンドは、主にアメリカ南部のローカルな音楽を自分たちなりに解釈し直したことで知られていますが、彼らが描く南部は言ってみれば幻想の南部で、そう思えば、ザ・バンドの音楽は、いわば「忘れられたアメリカ人」を描く試みだったと言えそうな気もするんです。

なるほど、それはいいですね。ただ、宮本は、「土佐源氏」が「宮本のフィクションだ」と批判されたことに対して憤激したというエピソードからもわかる通り、自分が書いたものが事実に基づいていることに強い意義を感じていました。とは言いながらも、宮本は、少なくとも『忘れられた日本人』では、事実を第三者的に語ることはせず、そこに必ず自分自身を介入させるという書き方をあえてしています。自分がその人物に会うことになった経緯や、その道行きなどを、わざわざ書くんですね。

「土佐源氏」の一人芝居というものがあって、人気もあってそれなりに長く演じられているのですが、土佐源氏のような一人語りの文章であっても、そこでは、聞き手としての宮本常一の存在が、常にイメージされるように書かれていることは、もっと注目されていいかと思います。

宮本が自身を「世間師」だと考えていたのは、自分を単なる情報の「受信者・観察者」としてのみ位置づけていたからではなく、同時に、自分の見聞を発信し伝達する者だと考えていたからです。実際宮本は、村の寄合を訪ねても、さんざん自分の話をしてるわけですから。

ですから、彼の記述は、観察の記録ではなく、ある意味「やり取り」の記録なんですね。

若林 宇野重規さんは、『実験の民主主義』のなかで、人類学者の川喜田二郎さんが、「対話」という言葉ではなく「やり取り」という言葉を使ったほうがいい、とどこかで書いていたと語られています。

わたしは、これを英語に置き換えるなら、「トランザクション」という言葉がふさわしいと思うのですが、実は、先に名前を挙げたジョン・デューイの思想と生涯を哲学者の鶴見俊輔さんが紹介する『デューイ』(シリーズ「人類の知的遺産」)という本を読んでいたら、この「トランザクション」の語が出てきて驚いたんです。

畑中　どういう意味として理解するといいですか。

若林　「transaction」という語は字義通りに訳すと「取引」という無味乾燥な言葉になってしまい、主に「商取引」を指すことが多いのですが、鶴見さんによれば、この語は、デューイの論理学において重要な意味をもつとされています。さすがにちょっと込み入った話で、文脈を説明することはわたしの手には余るのですが、面白いのは、デューイは元々は「interaction」という言葉を使っていたのが、その語が気に入らず、晩年にそれを「transaction」と言い換えたという点です。この経緯を鶴見さんは、次のように説明しています。

ここで鶴見さんは、「transaction」の語を「とりひき」と訳されているので、さらにややこしくなるのですが、「transaction」という語に込められたニュアンスを、畑中さんと川喜田さんがおっしゃった「やり取り」という語に重ね合わせて読んでいただけたらと思います。

ここで「相互作用」（インタラクション）と呼ばれていることは、やがて晩年になって「とりひき」（トランザクション）と呼びかえられる。「相互」の「インター」という言葉の語感は、別々に存在するものの間に何かがおこり、なおその別々の性格がたもたれていることを示唆する。そこが、デューイの気にいらなかった。むしろ、前の節でも、デューイの言っていることは、有機体と環境とのどちらとも言えない、それらの境界線をこえた性格（トランス）が「とりひき」（トランザクション）としてそこにあることで、後年の「とりひき」概念は、この『論理学』のころからすでにあったことを示している。（鶴見俊輔『デューイ』）

畑中　面白いですね。論理学上の問題として、これがどういう議論であるのか、これだけではわたしにもよくわかりませんが、この説明を字義通りに読んだ範囲では、村の寄合でなされる「やり取り」は、たしかに「インタラクション」ではなく「トランザクション」なのだと言いたくなってしまいます。

ここまで話してきたなかで、さまざまなものが「なし崩し」に融解してしまっているというイメージが語られましたが、宮本が描いた村落社会におけるコミュニケーションや制度のありようは、まさに「有機体と環境とのどちらとも言えない、それらの境界線をこえた性格（トランス）が「とりひき」（トランザクション）としてそこにある」ものとして考え、イメージすべきなのかもしれませんね。

若林　無字社会、あるいは、音声言語に基づく社会というのは、おそらくそうした融解性において捉えるとイメージしやすくなりそうです。

畑中　宮本自身も調査者として現地に赴くときに、「別々に存在するものの間に何かがおこり、なおその別々の性格がたもたれている」という近代的な意味での「他者」ではなく、互いに境界線を超えて溶け合った領域において向き合うことを、自身に課していたとも言えそうです。

また、多彩な文体が入り混じることで、先ほど若林さんが言ったように、各章がなんだか溶け合ってしまったようなものとして『忘れられた日本人』が読めるのは、宮本が、まさに、これを「トランザクション」の記録として書いたことの表れなのかもしれません。

若林　実は、わたしと畑中さんのこの本も、当初は「道具」「民主主義」「相互扶助」「ジェンダー」といったテーマごとに項目分けをして、順番に語っていくことを考えてもいたのですが、『忘れられた日本人』をじっくりと読むにつけ、そのやり方がなんだかそぐわないような気がしてきたんですね。

であればこそ、ランダムに会話を続けながら、さながら村の寄合のように、寄り道しながら蛇行していくようなかたちになりました。もちろん、それを文字化する段階では、それなりの整理はしましたが。

畑中　と言うといかにもカッコいいですが、そもそも、このふたりがアジェンダに沿って要点を話していくような会話が苦手だということもありますよね。

若林　どうしても雑談になってしまう。

畑中　でもそれがいかに重要なものであるか、というのは、やはり宮本常一の大事な教えなんだと思います。

おわりに

畑中章宏

本書は私が執筆した講談社現代新書シリーズ〈今を生きる思想〉の『宮本常一――歴史は庶民がつくる』と、若林さんが政治学者・宇野重規さんの聞き手をつとめた中公新書『実験の民主主義――トクヴィルの思想からデジタル、ファンダムへ』の、言ってみれば副次的な産物である。とは言っても、この本一冊だけでも宮本常一『忘れられた日本人』の入門書としての役割を、じゅうぶん果たしているのではないかと思う。それどころか若林さんの、対象を独自の仕方で掘り下げて、攪拌してからもう一度取り出してみせるという才能のお蔭で、『忘れられた日本人』はまさしく現在にひらかれたように感じている。

それにしても『実験の民主主義』というタイトルは魅了的で、宇野さんと若林さんはたぶん、無意識のうちに柳田国男の「実験の史学」を踏まえてしまっている。冷戦以降、「実験」

といえば「核実験」を思い起こさせる幾時代かが続いたが、「実験」は感情のヘンなところを揺さぶるエモい言葉だ。柄谷行人さんも柳田の「実験の史学」という概念にこだわって『世界史の実験』を執筆したけれど、私もいつか「実験」という言葉を入れた本を出してみたい。

柳田の「実験の史学」は、中公文庫『日本の民俗学』に収録された佐藤健二さんの解説によると、もともとは、一九三五年に柳田の還暦を記念して開催された日本民俗学講習会での講演がもとになっていて、そのときは「採集と採集技能」というタイトルだったそうである。しかしその後、『定本柳田國男集』に収録される際に、柳田が残した朱筆に沿って、「実験の史学」に改題されたという。「採集と採集技能」と「実験の史学」ではずいぶん印象が違うけれど、柳田の「実験」は「実際の経験」や「実地経験」を意味したそうで、「実験」の意味としてはかえって新鮮かもしれない。

ところで本書の対談中に、若林さんが鶴見和子さんや鶴見俊輔さんのジョン・デューイ論を援用されているけれど、本書の趣旨に沿っているかどうか自信はないけど私も倣ってみたい。それは、教育哲学がご専門の木下慎さんの「デューイにおける経験の分有について――目的合理性と合一的共同性を超えて」という論文のこんな一節だ。

それゆえ、「一つの経験」を単数にして複数の経験として分有するコミュニケーションの空間は、固有にして多様な経験の道筋が交差する十字路に喩えられるかもしれない。その時、その場所で、その度ごとに、私たちは他者とすれちがいながら、相手の歩む道程と相手の刻む時間の固有性に想いを馳せながら、敬意を孕んだ目配せを交わし合う。

（木下慎「デューイにおける経験の分有について」）

ここにある「固有にして多様な経験の道筋が交差する十字路」は、対談中で『忘れられた日本人』から引用した、「辻」という民俗社会の現実と対応していると言ったら、あまりにもうがちすぎだろうか。大和や河内地方の民家が密集した村にある、やや道が広くなっているところでは「辻寄合」が行われていた。非血縁的な地縁結合が強いそうした村では合議制が見られたことから、民俗社会における合議制は時代的な変遷から生まれたと見ることは難しいと宮本常一は考えたのだった。

また木下さんは先程の論文の「おわりに」でこのように記している。

デューイにとって、経験の分有とは、共同の世界が立ち上がる決定的な契機であった。

それはまた、各自固有の経験に宿る新たな意味（センス／ミーニング）によって、その共同の世界を刷新しつづけるのに必要不可欠な契機であった。デューイはこのような経験の分有に、「デモクラシー」と「教育」双方の可能性の条件を見出している。（同前）

村の寄合を「経験の分有」が交わされる場所であるなどと言ったら、『忘れられた日本人』をあまりにもひらきすぎだと、識者からお叱りを受けるだろうか。「寄合民主主義」についてはすでに、民俗学者の杉本仁さんは宮本が描いた伊奈の寄合の歴史と現在を調査して、寄合の参加資格に階層による分け隔てがあったことを指摘している。

今回の対談は『宮本常一』に続いて、日本列島で継承されてきた民俗に、一種の「公共性」を見たい、もたせたいという意図があった。しかし、私も民俗学者の端くれなので、民俗をひらきすぎたり、ひろげすぎたりすることには、慎重であるべきだという自覚がないわけではない。

最近刊行された『宮本常一〈抵抗〉の民俗学――地方からの叛逆』で、門田岳久さんは、宮本常一が若い頃クロポトキンの『相互扶助論』を愛読し、対馬の寄合に関する興味深い記述を残したことなどで、「国民国家や近代主義の相対化を図る民衆運動家やアナキズムの可能性を探究する人類学者に人気を博してきたが、そのような側面は宮本の一つの側面でしかない」し、「宮本の活動を通覧したときに見えてくるのは、『制度』への信頼である」と釘を刺す。

門田さんによると、宮本は、村落の秩序を維持してきた伝統的な社会制度に対する信頼と同じ程度か、あるいはそれ以上に、「近代の国家・行政によって作られた制度（の効果）を信頼していた」という。そしてそれは、「離島振興法や文化財保護法、山村振興法など、そのときどきのホットな法や政策に精通し、豊富な人脈とパッションでそれを十二分に活用し、地域社会にアプローチしてきた」のを見てもじゅうぶんに理解できることだと述べている。

杉本さんや門田さんの指摘をふまえたうえでも、私はまださらに、『忘れられた日本人』はひらかれていく可能性があるように思う。今回の対談ではふれられなかった宮本の写真記録や民衆芸術に対する鋭いまなざしなどをとおして、宮本常一の思想は未知の世間にひらかれていくことだろう。

『忘れられた日本人』をひらくライブラリー

撮影＝西田香織

『忘れられた日本人』

宮本常一『忘れられた日本人』未來社、一九六〇年
『宮本常一著作集10　忘れられた日本人』未來社、一九七一年
宮本常一『忘れられた日本人』岩波文庫（網野善彦解説）、一九八四年
Tsuneichi Miyamoto, Translated by Jeffrey S. Irish "The Forgotten Japanese: Encounters with Rural Life and Folklore" Stone Bridge Press, 2021

本書に登場する宮本常一の本

『宮本常一著作集17　宝島民俗誌・見島の漁村』未來社、一九七四年
宮本常一『民俗学の旅』文藝春秋、一九七八年／講談社学術文庫、一九九三年
宮本常一『和泉の国の青春』八坂書房、二〇一〇年
池田弥三郎・宮本常一・和歌森太郎編『日本の民俗11　民俗学のすすめ』河出書房新社、一九六五年
宮本常一『日本民衆史3　海に生きる人びと』未來社、一九六四年／河出文庫、二〇一五年（『海に生きる人びと』）
『宮本常一著作集1　民俗学への道』未來社、一九六八年
宮本常一編・解説『日本民俗文化大系3　澁澤敬三――民族学の組織者』講談社、一九七八年
宮本常一『女の民俗誌』岩波現代文庫、二〇〇一年
宮本常一『日本文化の形成』そしえて、一九八一年／ちくま学芸文庫（全三巻）、一九九四年／講談社学術文庫、二〇〇五年

『宮本常一写真・日記集成』（全二巻・別巻一）毎日新聞社、二〇〇五年
宮本常一『庶民の発見』未來社、一九六一年／講談社学術文庫、一九八七年
宮本常一『日本民衆史2　山に生きる人びと』未來社、一九六四年／河出文庫、二〇一一年（『山に生きる人びと』）

本書で引用した本

網野善彦『女性の社会的地位再考』神奈川大学評論ブックレット、御茶の水書房、一九九九年
アリエス、フィリップ著、杉山光信・杉山恵美子訳『〈子供〉の誕生——アンシァン・レジーム期の子供と家族生活』みすず書房、一九八〇年
グレーバー、デヴィッド著、片岡大右訳『民主主義の非西洋起源について——「あいだ」の空間の民主主義』以文社、二〇二〇年
コルバン、アラン著、築山和也訳『知識欲の誕生——ある小さな村の講演会 1895-96』藤原書店、二〇一四年
齋藤毅『明治のことば——東から西への架け橋』講談社、一九七七年／講談社学術文庫、二〇〇五年（改題『明治のことば——文明開化と日本語』）
鶴見和子『デューイ・こらいどすこおぷ』未來社、一九六三年
鶴見俊輔『人類の知的遺産60　デューイ』講談社、一九八四年
中村敏子『女性差別はどう作られてきたか』集英社新書、二〇二一年
松沢裕作『日本近代社会史——社会集団と市場から読み解く 1868-1914』有斐閣、二〇二二年
レヴィ、ピエール著、米山優・清水高志・曽我千亜紀・井上寛雄訳『ポストメディア人類学に向けて——集合的知性』水声社、二〇一五年

本書で参考にした本

網野善彦『東と西の語る日本の歴史』そしえて、一九八二年／講談社学術文庫、一九九八年
網野善彦『『忘れられた日本人』を読む』岩波セミナーブックス、二〇〇三年／岩波現代文庫、二〇一三年
石川初『思考としてのランドスケープ　地上学への誘い——歩くこと、見つけること、育てること』LIXIL出版、二〇一八年
イリイチ，イヴァン著、玉野井芳郎・栗原彬訳『シャドウ・ワーク——生活のあり方を問う』岩波現代選書、一九八二年／岩波現代文庫、二〇〇六年
岩本通弥・門田岳久・及川祥平・田村和彦・川松あかり編『民俗学の思考法——〈いま・ここ〉の日常と文化を捉える』慶應義塾大学出版会、二〇二一年
宇野重規『民主主義のつくり方』筑摩選書、二〇一三年
門田岳久『宮本常一〈抵抗〉の民俗学——地方からの叛逆』慶應義塾大学出版会、二〇二三年
柄谷行人『世界史の実験』岩波新書、二〇一九年
木下慎「デューイにおける『経験の分有』の思考——目的合理性と合一的共同性を超えて」田中智志編著『教育哲学のデューイ——連関する二つの経験』東信堂、二〇一九年
木村哲也『『忘れられた日本人』の舞台を旅する——宮本常一の軌跡』河出書房新社、二〇〇六年
グレーバー，デヴィッド著、酒井隆史訳『官僚制のユートピア——テクノロジー、構造的愚かさ、リベラリズムの鉄則』以文社、二〇一七年
グレーバー，デヴィッド著、酒井隆史・芳賀達彦・森田和樹訳『ブルシット・ジョブ——クソどうでもいい仕事の理論』岩波書店、二〇二〇年
クロポトキン，ピョートル著、大杉栄訳『相互扶助論』春陽堂、一九一七年／現代思潮社、一九六四年（『大杉栄全集第十巻』）／同時代社、二〇一七年（〈新装〉増補修訂版）

杉本仁「寄合民主主義に疑義あり――宮本常一『対馬にて』をめぐって」柳田国男研究会編『柳田国男研究年報3　柳田国男・民俗の記述』岩田書院、二〇〇〇年

田中明彦『新しい「中世」――21世紀の世界システム』日本経済新聞社、一九九六年／講談社学術文庫、二〇一七年（改題『新しい中世――相互依存の世界システム』）

藤田省三「昭和十五年を中心とする転向の状況」思想の科学研究会編『改訂増補　共同研究　転向　中』平凡社、一九七八年／東洋文庫、平凡社、二〇一二年（『共同研究　転向4　戦中篇　下』）

松村圭一郎『くらしのアナキズム』ミシマ社、二〇二一年

柳田国男『孤猿随筆』創元社、一九三九年／岩波文庫、二〇一一年

柳田国男・柳宗悦・比嘉春潮・式場隆三郎「民芸と民俗学の問題」『民俗学について――第二柳田國男対談集』筑摩叢書、一九六五年

柳田国男「実験の史学」『日本の民俗学』中公文庫（佐藤健二解説）、二〇一九年

著者の本

畑中章宏『『日本残酷物語』を読む』平凡社新書、二〇一五年

畑中章宏『宮本常一――歴史は庶民がつくる』講談社現代新書、二〇二三年

石川直樹・須藤功・赤城耕一・畑中章宏『宮本常一と写真』コロナ・ブックス、平凡社、二〇一四年

コクヨ野外学習センター編『ファンダムエコノミー入門――BTSから、クリエイターエコノミー、メタバースまで』プレジデント社、二〇二三年

宇野重規・若林恵『実験の民主主義――トクヴィルの思想からデジタル、ファンダムへ』中公新書、二〇二三年

撮影=宮本常一　解説=畑中章宏

提供=宮本常一記念館 周防大島文化交流センター

p.13, 17, 22　井戸の水を汲むために、梃子の原理を使って上げ下ろしする「ハネ釣瓶」。新潟県佐渡の旧畑野町松ヶ崎。1959年8月11日

p.25, 28, 35　桟橋でリヤカーを引き、押す2人。前掛け姿は市でのセリの後だろうか。佐渡の旧赤泊村赤泊。1964年6月24日

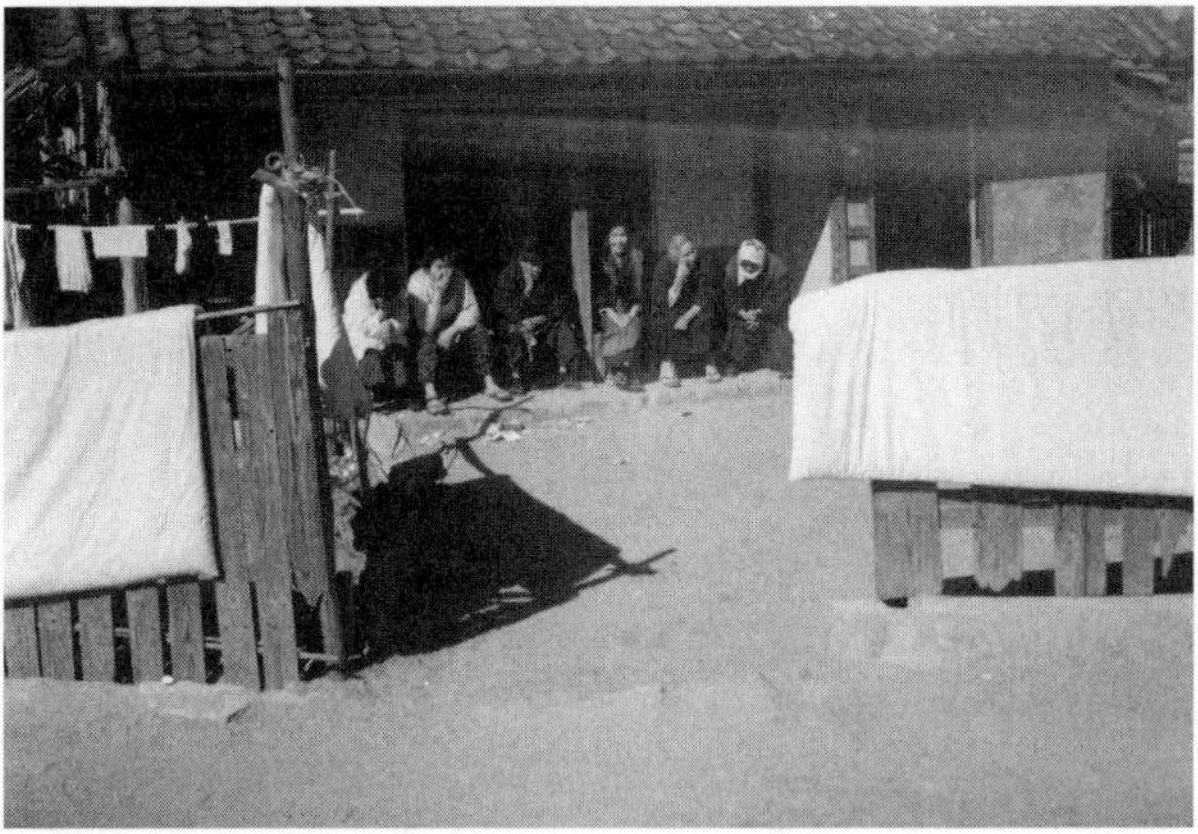

p.37, 43, 46　民家の軒先で日だまりを楽しむ人びと。広島県尾道市の離島、百島（ももしま）の泊地区。1961年2月19日

p.51, 55, 56　収獲したアワビの取引に向かう海女たち。三重県鳥羽市、志摩半島最東端の国崎（くざき）。1962年8月20日

p.63, 66, 74　地蔵堂でウラ盆の法要を営む人びと。佐渡の旧両津市。1970年8月22日-24日

p.83, 91, 96　伊豆諸島の最南端、青ヶ島の三宝港まで宮本常一を乗せて運んだチャーター漁船。火山噴火に悩まされてきたこの絶海の孤島は、柳田国男の「青ヶ島還住記」以来、民俗学者の関心を集めた。1966年7月22日-27日

p.99, 104, 111　周防大島の北に浮かぶ浮島（うかしま）の楽ノ江港から江ノ浦港へ、チャーター船で移動する大勢の子どもたち。1960年10月26日

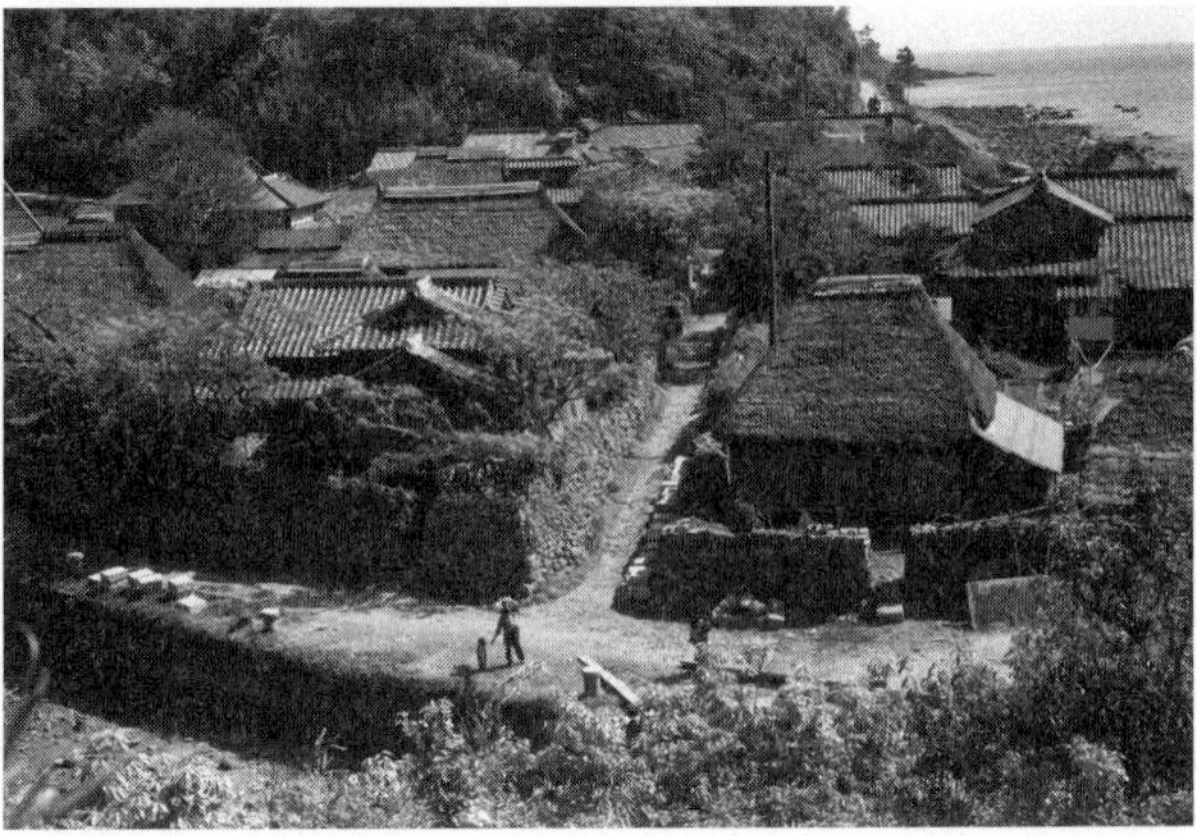

p.115, 117, 122　鹿児島県出水郡長島町の指江（さすえ）から蔵之元への道すがらにあった石垣をめぐらした家々。1960年4月22日

p.125, 133, 138　埋め立て堤防に立つ“年よりたち”。宮本常一が生まれ育った周防大島の旧東和町長崎。1962年11月18日

p.143, 154, 162　盆の時期、海に向かって女性たちが祈る「茶屋念仏」。三重県鳥羽市国崎。1962年8月20日

p.167, 173, 177　民家の母屋横の物置場。宮本常一は蓑、笠、桶といった民具からも民衆史を見据えた。新潟県佐渡島、旧赤泊村下川茂（しもかわも）の榊原家。1960年8月24日

p.179, 183, 186　天秤棒を使って荷物を運ぶ女性。さまざまな運搬法の調査・研究は宮本民俗学の重要な仕事のひとつである。鹿児島県長島町指江から蔵之元。1960年4月22日

若林恵　Kei Wakabayashi

1971年、兵庫県生まれ。編集者。平凡社『月刊太陽』編集部を経て2000年にフリー編集者として独立。以後、雑誌、書籍、展覧会の図録などの編集を多数手がける。音楽ジャーナリストとしても活動。2012年に『WIRED』日本版編集長就任、2017年退任。2018年、黒鳥社設立。著書『さよなら未来』（岩波書店）、『次世代ガバメント』、『週刊だえん問答』（ともに黒鳥社）、宇野重規との共著『実験の民主主義』（中公新書）など。

畑中章宏　Akihiro Hatanaka

1962年、大阪府生まれ。民俗学者。民間信仰・災害伝承から最新流行の風俗まで幅広い対象に取り組む。著書に『天災と日本人』『廃仏毀釈』（ともにちくま新書）、『柳田国男と今和次郎』『『日本残酷物語』を読む』（ともに平凡社新書）、『災害と妖怪』『忘れられた日本憲法』（ともに亜紀書房）、『21世紀の民俗学』（KADOKAWA）、『死者の民主主義』（トランスビュー）、『宮本常一』（講談社現代新書）ほか。

『忘れられた日本人』をひらく　宮本常一と「世間」のデモクラシー

発行日　2023年12月5日 第1版1刷
　　　　2024年6月24日 第1版2刷

著者　若林恵・畑中章宏
造本・デザイン　藤田裕美（FUJITA LLC）
表紙撮影　西田香織
DTP　勝矢国弘
校閲　校正集団「ハムと斧」
編集協力　矢代真也（SYYS LLC）
制作・管理・販売　川村洋介
発行人　土屋繼
発行　株式会社黒鳥社　東京都港区虎ノ門3－7－5虎ノ門ROOTS21ビル1階
ウェブサイト：https://blkswn.tokyo
メール：info@blkswn.tokyo
印刷・製本　株式会社シナノパブリッシングプレス

ISBN978-4-9911260-9-3　Printed in Japan

黒鳥社の本

第七の男

ジョン・バージャー 著　ジャン・モア 写真　金聖源／若林恵 訳

ファンダムエコノミー入門

BTSから、クリエイターエコノミー、メタバースまで

コクヨ野外学習センター・編

編集の提案

津野海太郎

働くことの人類学【活字版】

仕事と自由をめぐる８つの対話

松村圭一郎+コクヨ野外学習センター・編

次世代ガバメント

小さくて大きい政府のつくり方〈特装版〉

若林恵・責任編集

プライバシー・パラドックス

データ監視社会と「わたし」の再発明

武邑光裕